IL CATALOGO
DELLE DONNE VALOROSE

A mia nonna Leonarda

Qualcuno, io dico, si ricorderà di noi nel futuro.
SAFFO

Sono grata di essere una donna.
Devo aver fatto qualcosa di grandioso in un'altra vita.
MAYA ANGELOU

È facile per una donna essere valorosa. Il salto mortale per tentare di mettere insieme casa, lavoro (sempre se si riesce a trovarne uno), magari figli e cure sparse a parenti vari... già dovrebbe far scattare una decorazione al merito. Il piccolo inconveniente da secoli è che non c'è nessun podio o inno pronto ad accogliere queste vincitrici, né tantomeno una medaglia da appuntar loro al petto. È un annoso argomento che studiose molto più autorevoli di me hanno già posto all'attenzione mondiale: per semplificare la pratica potremmo dire che, mentre l'Uomo Invisibile è diventato una star cinematografica, le donne sono invisibili e spesso rimangono tali. Eppure le esponenti di quella che una volta veniva chiamata "l'altra metà del cielo" hanno fatto la storia, contribuendo all'evoluzione dell'umanità in tutti i campi possibili: dall'arte alla letteratura, dalla scienza alla politica, non trascurando la cibernetica e la fisica quantistica; ma per uno strano sortilegio raramente vengono ricordate, con difficoltà appaiono nei libri di storia e tantomeno sono riconosciute come maestre e pioniere: in sintesi, si fa fatica a intestar loro persino una strada periferica.

Questa piccola enciclopedia socio-botanica nasce dalla mia curiosità giardiniera che mi ha fatto scoprire quante donne di valore abbiano conquistato almeno sul campo – o meglio, nei giardini del mondo – il nome di una rosa. Un fenomeno storico veramente bizzarro dovuto soltanto alla generosità di ibridatori e ibridatrici che, con molta più lungimiranza di storici e accademici, hanno deciso di rendere immortali eroine famose o misconosciute, dedicando loro meravigliosi esemplari vegetali. Si può tranquillamente dire che gli elenchi dei produttori di questi fiori così diffusi e amati, per azzardo, rendano finalmente giustizia alle personalità femminili più di tante biblioteche altolocate... Come non amare la Jacqueline du Pré, un'esemplare della famiglia delle floribunda che prende il nome dalla leggendaria violoncellista scomparsa prematuramente? Per non parlare di Nellie Bly, piccola rosa creata in nome della giornalista d'inchiesta che a cavallo del Novecento ha bruciato il record del viaggio intorno al mondo... E cosa dire della bella collezione del vivaio Novaspina, che ha dedicato meravigliose nuove rose a protagoniste totalmente rimosse della storia italiana? Ma si sa, i giardinieri sono persone colte che amano coltivare.

Partendo da questa semplice provocazione floro-vivaistica, ho deciso di compilare un piccolo catalogo di donne valorose per permettere agli appassionati di colmare qualche lacuna, magari ripopolando giardini e balconi con una storia sommersa. Come è noto, l'appetito vien mangiando, e quando non ho trovato una specifica rosa "ad nomen", mi sono permessa di ispirarmi alla vastità delle produzioni esistenti e allargare la lista delle valorose a nuove e straordinarie figure femminili, che hanno reso ancora più ricco questo insolito bouquet.

Si tratta di donne intraprendenti spesso perseguitate o felicemente controcorrente, che hanno osato ribaltare un destino che stava loro stretto e con passione e coraggio hanno tracciato nuovi sentieri, che abbiamo il compito di riportare alla luce: per noi, e per le generazioni future.

La mia è una scelta totalmente arbitraria e personale, si tratta solo di un innocente gioco botanico che vuole raccontare eroine conclamate e protagoniste dimenticate che aspettano da tempo un meritato riconoscimento, un tentativo bucolico di allargare la conoscenza di vite eccezionali che meriterebbero ben più alte attenzioni.

Narrare queste biografie è stata per me un'esperienza umana formidabile, che a volte mi ha fatto sentire come un'esploratrice d'altri tempi alle prese con un continente sconosciuto e ricco di sorprese.

Mi sono limitata a dissodare un terreno, speriamo fertile... perché si sa, le donne come le rose mettono radici, sono resistenti, sopportano le avversità e nonostante la mancanza di cure rifioriscono baldanzose a ogni primavera.

Con questo parziale inventario, mi auguro di poter ispirare la fantasia di nuovi ibridatori e forse anche aiutare a colmare un poco le immense lacune dei compilatori di libri scolastici e non solo; ogni minuscola goccia in questo mare di oblio può servire a ristabilire un millenario squilibrio, anche se, come afferma provocatoriamente Madeleine Albright, primo segretario di Stato donna negli Stati Uniti: «C'è un enorme spazio al mondo per gli uomini mediocri, ma non c'è alcuno spazio per le donne mediocri». Cominciamo almeno a ristabilire una parità con le donne valorose! Esistono pantheon e santuari affollati di eroi gloriosi e paladini della patria, e allora, in attesa di un riconoscimento ufficiale con tanto di busti marmorei e lapidi a eterna memoria, vi invito ad affollare i vostri giardini con questi esemplari preziosi.

L'elenco di donne che meriterebbero di essere ricordate come valorose è praticamente sterminato e ricco di biografie stupefacenti: questo catalogo non ha la pretesa enciclopedica di fare giustizia dell'amnesia collettiva che ha privato la storia di una parte essenziale del suo albero genealogico, ma vuol solo farvi "assaggiare" quell'epopea sommersa e magari stimolare la curiosità delle nuove generazioni così a corto di esempi edificanti. Se il mondo dei "padri" illustri ha fatto cilecca in molti campi, per fortuna abbiamo ancora un terreno inesplorato di "madri" eccellenti e autorevoli a cui rivolgerci con un nuovo entusiasmo – cattive maestre comprese, che non guastano mai in una corretta educazione.

SHIUH FU NO.1
CT7-0258
ILARIA
Voglio fare qualcosa per le persone
usando il giornalismo
RAI

ILARIA ALPI

Rosa Ilaria Alpi, creata nel 2014 da Davide Dalla Libera. Ibrido di tea molto rifiorente e profumato, i fiori sono caratterizzati da petali bianchi che sul finire della fioritura si tingono di rosa cipria sulle punte. L'arbusto presenta un portamento eretto.

L'unico dovere del giornalista è scrivere quello che vede.
ANNA POLITKOVSKAJA

Sicuramente una rosa non basta per rendere giustizia alla drammatica storia della giornalista del Tg3 Ilaria Alpi, ma serve almeno per addolcire il ricordo di questa ragazza valorosa vittima nel 1994 di un agguato mortale a Mogadiscio insieme al suo operatore Miran Hrovatin. Sono ormai passati più di vent'anni dai fatti, vent'anni sono una vita, eppure non conosciamo ancora né mandanti né assassini e tutto rimane sepolto da una fitta cortina di omissioni e depistaggi. Non sono bastate neanche la forza e la determinazione dei genitori di Ilaria e dell'associazione che porta il suo nome per arrivare ai veri colpevoli e purtroppo, nonostante innumerevoli processi, commissioni parlamentari e tutta l'indignazione dell'opinione pubblica, non si è ancora riusciti a far emergere la verità.

Ilaria stava seguendo una pista d'inchiesta che portava allo smaltimento illegale dei rifiuti tossici e al traffico di armi, con pesanti coinvolgimenti di vari governi e forti sospetti sull'utilizzo dei fondi della cooperazione italiana in Africa: una miniera d'oro che finiva in rivoli sempre più oscuri. "Dov'è finita questa immensa mole di denaro, 1400 miliardi, che l'Italia ha dato alla Somalia per la cooperazione?" Questa frase era scritta a penna in uno dei pochi bloc-notes di Ilaria che non sono spariti nel nulla.

È evidente, come ci spiega bene la mamma di Ilaria nel suo libro *Esecuzione con depistaggi di Stato*, che la posta in gioco era gigantesca e i crimini sono stati occultati da un'omertà internazionale perché coinvolgevano poteri forti difficili da scalfire. Ilaria quando era in Africa a fare il suo lavoro forse non immaginava nemmeno la vastità del vespaio di corruzioni che stava scoprendo, o forse sì, ed è proprio per questo che ha continuato coraggiosamente a non cedere alle intimidazioni. Ilaria non era una supereroina, ma solo una ragazza seria e preparata che amava il suo lavoro di giornalista e lo svolgeva con professionalità e soprattutto con passione. Ed è proprio questo sentimento la cifra più bella che lascia in eredità a tutti i giovani che vogliono intraprendere oggi questo mestiere. Viviamo in un Paese pieno di eccellenze che spesso non sappiamo coltivare e a volte lasciamo appassire o peggio morire, come nel caso di Ilaria, senza avere giustizia.

Ma non si può morire solo perché si fa bene il proprio lavoro. Qualcuno oggi, mentre scrivo, sa bene chi ha voluto la morte della giornalista, e sa anche chi sta continuando a coprire i mandanti di questo duplice omicidio; è anche per questo che, nonostante tutte le archiviazioni, noi non possiamo mai perdere la speranza di scoprire con testardaggine la verità. Lo dobbiamo alla memoria di Ilaria Alpi, e a una terra che abbiamo contribuito a saccheggiare.

Sbagliato e inutile fare di Ilaria un santino da celebrare negli anniversari deputati, la sua memoria deve rimanere fresca come le immagini che la ritraggono mentre svolge il suo lavoro: i capelli scompigliati al vento, lo sguardo concentrato di chi parla a braccio perché conosce bene la realtà che ha indagato e vuole descriverla a chi non può vederla. Senza l'impegno di giornaliste come Ilaria Alpi, Anna Politkovskaja, Daphne Galizia, Shifa Gardi e tanti altri reporter che mettono a repentaglio ogni giorno la propria vita in zone a rischio, continueremmo a vivere nel buio, addirittura ignorando l'esistenza stessa dei numerosi conflitti che insanguinano tanti Paesi nel mondo.

«Fin dai suoi primi anni di vita la ricordo come una bambina di carattere, tosta, molto sensibile» così la descrive mamma Luciana. «Una bambina curiosa, che voleva imparare, ma che aveva anche idee chiare.» Ilaria aveva studiato Lingue orientali all'università, sapeva l'arabo, aveva viaggiato tanto in Africa e in Medio Oriente, non solo per lavoro, ma per il piacere di approfondire una cultura che l'appassionava: «Era studiosa, allegra, dolce, fissata con i gatti» racconta una sua amica di allora. «Mentre tutti andavano a studiare negli Stati Uniti, noi viaggiavamo in Egitto, Tunisia, Giordania...» Quando vince il concorso da giornalista alla Rai, per lei è naturale occuparsi di ciò che conosce e che le sta a cuore. Come ricorda l'operatore Alberto Calvi, con cui la giornalista ha condiviso tanti reportage: «Ilaria viveva sulla pelle la rassegnazione e la disperazione del popolo somalo». E non si accontenta, come molti reporter *embedded*, di raccogliere le notizie alle conferenze stampa ufficiali, ma va sempre sul campo a verificarle. Le sue cronache, impeccabili dal punto di vista giornalistico, non sono mai distaccate ma sempre ricche di forte umanità ed empatia nei confronti di tutte le persone che avvicina: perché Ilaria si sentiva a casa in quei luoghi, ed è riuscita a trasmetterci con il suo lavoro questo prezioso sentimento di condivisione. Appariva poco in video, tendeva a commentare le immagini con le sue parole fuori campo, preferiva che a essere protagonista fosse quella terra martoriata a cui, finché ha potuto, ha prestato la sua voce generosa.

"Una rosa è una rosa è una rosa" diceva Gertrude Stein, ma questa creata per Ilaria è particolarmente preziosa. A dedicargliela è Davide Dalla Libera, un giovane ibridatore anche lui appassionato del suo lavoro, che così ci racconta la nascita di questo fiore creato nel suo vivaio, insieme ad altri preziosi esemplari, molti dei quali dedicati a donne di valore: «Mi trovo in qualche modo accomunato a Ilaria e a Miran: nel loro lavoro, fatto con perseveranza e onestà, c'era questo legame con la terra e l'ambiente. Ilaria e Miran hanno scoperto sostanze che potevano inquinarla, io ho trovato questo fiore: è un po' una terra che ritorna alla terra». Quella che porta il nome di Ilaria è una rosa bianca dal "portamento eretto" che profuma intensamente, una rarità per questo colore: una fragranza persistente che si libera nell'aria, come vorremmo che avvenisse per il ricordo di questa ragazza valorosa.

REVUE NÈGRE
HONNEUR ET PATRIE

JOSEPHINE BAKER

Rosa Josephine Baker, ibrido di tea di colore rosso scuro introdotto da Meilland nel 1973, conosciuto anche col nome di Velvet Flame. I boccioli sono a forma di urna e i fiori aperti sono grandi e coi petali che si flettono leggermente verso l'esterno. Molto resistente alle malattie.

"Siccome ho impersonificato una creatura selvaggia sul palcoscenico, nella vita di tutti i giorni ho tentato di essere il più civilizzata possibile."

Josephine Baker detta Tumpie nasce il 3 giugno del 1906 a St. Louis, nel Missouri: la mamma Carrie è una lavandaia figlia di una delle ultime schiave prima dell'abolizionismo; del papà si sa poco, se non che era sicuramente un bianco, visto il colore caffè e latte della pelle di Josephine. Date le condizioni economiche molto precarie, Tumpie comincia a lavorare sin da ragazzina come "servetta" nelle case borghesi, e si racconta che con i primi risparmi abbia comprato un biglietto per andare a vedere gli spettacoli di vaudeville in un teatro riservato esclusivamente alla gente nera e sia rimasta folgorata dai numeri di musica e danza. Da quel momento la piccola Tumpie non fa che cantare e ballare, stregata dal fascino del palcoscenico, e organizza spettacolini improvvisati a uso e consumo di parenti e amici, raffinando *on the road* il suo talento naturale. Che sia vero o meno poco importa, perché la vita di

Josephine è ricca di leggende che lei stessa ha alimentato divertendosi a giocare con la curiosità della stampa. Una cosa è certa: a tredici anni, di nascosto dalla madre, si presenta al Boxer Washington Theatre per un provino e il direttore, incuriosito dal talento, l'originalità e l'energia che sprizza da ogni poro di questa ragazzina, decide di prenderla per dei ruoli minori. Finalmente Tumpie comincia a calcare quel palcoscenico che per lei rappresenta il paradiso in terra. Con un coraggio non indifferente per l'età, quando la compagnia lascia St. Louis per partire in tournée, scappa di casa e sale su un treno che la porterà molto lontano. Josephine per nulla al mondo avrebbe rinunciato a inseguire il suo sogno, ma all'inizio la sua parte non è un granché: la appendono in scena con un buffo costume da Cupido e può solo svolazzare a mezz'aria sulle teste delle ballerine. Per Tumpie è già un miracolo, da quell'insolito osservatorio non le sfugge un passo di danza e appena una delle ragazze si ammala è pronta a rimpiazzarla, visto che conosce i numeri a memoria. Come spesso accade nel mondo dello spettacolo, la sua grande occasione arriva proprio grazie a un capriccio del destino, ma una volta conquistata la scena Josephine lascia tutti a bocca aperta, perché oltre a un talento innato possiede quel famoso *quid* in più: un'esplosiva miscela sexy e ironica che rende ogni sua apparizione irresistibile.

A notarla mentre si esibisce al Plantation Club di New York è Caroline Dudley, un'impresaria appassionata di jazz che si è messa in testa di portare in Europa una rivista che esprima tutto il talento degli artisti neri che furoreggiano ad Harlem. Josephine aderisce entusiasta all'idea e nell'autunno del 1925, insieme a una troupe di ballerini e un'orchestra capitanata dal geniale clarinettista Sidney Bechet, sbarca a Parigi per partecipare a *La Revue Nègre*. Il teatro degli Champs-Élysées che ospita il nuovo spettacolo ha deciso di fare le cose in grande e ha chiamato un artista come Peter Colin per le scenografie e la direzione artistica: sarà lui a vincere le ritrosie di Josephine e a convincerla a indossare per il suo scatenato charleston un costume di piume che non lascia niente all'immaginazione. Ma la nuova vedette non cattura il pubblico solo grazie al suo forte erotismo: Josephine è soprattutto simpatica, e gioca con ironia con il suo corpo snodato e carico di energia. «La bellezza? È solo una questione di fortuna. Io sono nata con buone gambe. Per il resto... bella, no. Ma divertente sì.»

Il successo è strabiliante, e la Baker, come la chiameranno tutti d'ora in poi, diventa dopo poche repliche la rivelazione dello spettacolo. La stampa la esalta con aggettivi iperbolici e la definisce "la Venere Nera che ha stregato Baudelaire" o "la regina della danza selvaggia", e subito gli intellettuali parigini la eleggono a simbolo di quella "art nègre" che sta seducendo i grandi artisti dell'avanguardia. Parigi l'ha accolta a braccia aperte e questo amore è perfettamente corrisposto da Josephine che, da quando è scesa alla stazione di Saint-Lazare, si è perdutamente invaghita di questa città dove gli innamorati possono baciarsi per strada senza che la polizia venga ad arrestarli. Ma c'è di più, non è solo la *joie de vivre* delle notti parigine a stregarla, sono soprattutto la libertà e il rispetto che come donna nera è riuscita finalmente a ottenere. Anche se la Francia del tempo è ancora intrisa di quel paternalismo colonialista che ha una visione esotica della cultura africana, Baker qui si sente accettata come non le era mai successo nel suo Paese d'origine. In America le discriminazioni e i pregiudizi sono ancora fortissimi e negli anni a venire, quando la star vi farà ritorno trionfante, subirà ancora crudeli umiliazioni razziste. Spesso nei ristoranti non la servono o addirittura non la fanno entrare, tanto che lei deciderà per protesta di non esibirsi più nei locali riservati solo ai bianchi. Ma Josephine, con l'intelligenza e la grinta che la contraddistinguono, riuscirà a trasformare la rabbia personale in un costante impegno politico a favore dei diritti della sua gente: una vera missione che non abbandonerà per tutta la sua esistenza.

Dopo il trionfo con *La Revue Nègre* tutte le porte dello spettacolo si aprono magicamente per "la Venere d'ebano", e in poco meno di un anno diventa la vedette incontrastata delle Folies Bergère, oscurando la gloria della celebre Mistinguett. Ora la piccola Tumpie si è trasformata in una parigina alla moda, per lei Paul Poiret, lo stilista più in voga della capitale, crea abiti elegantissimi che tutte le signore vogliono copiare; mentre sulla scena il suo costume più famoso diventa il celeberrimo "gonnellino di banane", che passa alla storia come simbolo inarrivabile di ogni scandalo e trasgressione. Josephine è cosciente d'incarnare una rivoluzione: «Sono stata il simbolo della libertà ritrovata, della scoperta dell'arte negra, del jazz. Ho rappresentato la libertà di tagliarmi i capelli, di passeggiare nuda, di mandare al diavolo tutte le camicie di forza, corsetto compreso». E anche nella vita privata si diverte a creare scalpore aggirandosi per i locali notturni con il suo ghepardo Chiquita al guinzaglio, seguita sempre da una schiera devota di ammiratori che la ricoprono di fiori e richieste di matrimonio. In realtà più che i giovanotti del bel mondo la Baker preferisce la compagnia di intellettuali e scrittori come Georges Simenon, con cui instaura un'intensa relazione che finisce solo quando Josephine si accorge che l'uomo è sposato da un pezzo. Ma non se la prende più di tanto, perché nel frattempo ha incontrato quello che crede sia finalmente l'uomo della sua vita: è un nobile italiano, o almeno così si racconta, perché sulle origini del conte Giuseppe Abatino ci sono parecchi dubbi che non impediscono però a Josephine di innamorarsi pazzamente e convolare a nozze tra lo stupore generale dei suoi fan. Il marito non è uno stinco di santo ma ha un grande intuito per lo spettacolo, e nei dieci anni in cui staranno insieme saprà consigliare Baker nella scelta di autori e coreografi di qualità, inventandosi anche i Josephine Club, locali "temporanei" dove la star si esibisce dopo lo spettacolo per un pubblico esclusivo, operazione pioneristica di marketing che proietterà la sua popolarità alle stelle.

Ormai la Francia non le basta più e Josephine intraprende gloriose tournée che la portano nei più importanti teatri europei registrando sempre il tutto esaurito, ma incontrando anche serie difficoltà perché in alcuni Paesi la sua reputazione di donna immorale e scandalosa suscita indignazione e proteste. A Monaco la polizia sospende il suo spettacolo perché potrebbe "creare disordini e corrompere i costumi". A Vienna Josephine scopre che l'annuncio del suo arrivo in città ha suscitato un tale scalpore che addirittura il Parlamento si è occupato del caso, e alcuni manifestanti cattolici che la considerano un *démon noir* hanno tentato di impedire la serata. Ma lei, con classe ed eleganza, mette tutti a tacere esibendosi in una struggente sequenza di brani blues vestita con un lungo e accollato abito nero: come sempre è il grande talento ad avere la meglio sui suoi detrattori.

In quindici anni la Perla Nera brucia ogni record possibile raccogliendo ovazioni in ogni angolo del mondo, ma una minaccia terribile si sta per abbattere sull'Europa e niente sarà più come prima. Nel luglio del 1939 Josephine torna nella sua amata Parigi dopo una trionfale tournée brasiliana in cui ha scoperto il samba, nuova danza che ha deciso di lanciare nel suo prossimo spettacolo al Casino de Paris, ma la dichiarazione di guerra e la mobilitazione generale che ne consegue la sconvolgono a tal punto che decide di trasformare la lussuosa rivista in un recital, che debutta sulla Linea Maginot dove le truppe si stanno preparando per il conflitto mondiale. Josephine, proprio come recita *J'ai deux amours*, una delle sue canzoni più famose, ama l'America dove è nata ma soprattutto la Francia che l'ha accolta come una figlia: «I parigini mi hanno dato tutto, soprattutto il loro cuore. Io gli ho regalato il mio, e oggi sono pronta a offrire la mia vita».

Una promessa che l'artista mette in pratica affrontando un'interminabile tournée durante tutti gli anni della guerra, portando conforto e un po' di gioia a ogni fronte dove le truppe sono impegnate. Si sente in missione per il suo Paese, e come un vero soldato non si risparmia mai; anche quando si ammala ed è costretta a farsi operare d'urgenza per un'occlusione intestinale, rimane in ospedale solo pochi giorni e subito riparte per il deserto del Nordafrica, viaggiando con pochi costumi nelle jeep militari in condizioni estreme e pericolose. Ma questo sarà solo il suo lavoro di facciata, perché Josephine approfitterà dei lasciapassare di cui gode per trasportare di nascosto documenti vitali per la Resistenza; li nasconde tra gli spartiti dell'orchestra o se li fa cucire nella fodera del cappotto, partecipando eroicamente alla lotta di liberazione del Paese che ama. La Venere dal gonnellino di banane è diventata una vera eroina francese, e alla fine della guerra il generale De Gaulle le appunta sul petto della sua divisa militare d'ordinanza l'ambito riconoscimento della Legion d'Onore.

Sono passati poco più di vent'anni dal suo arrivo in Francia e la piccola Tumpie non avrebbe mai pensato che quel treno da St. Louis l'avrebbe portata così lontano. Quando il "sottotenente Baker" arriva nella Parigi liberata, un'immensa folla la saluta creando un ingorgo sugli Champs-Élysées, ma Josephine non è certo il tipo da cullarsi sugli allori e già sta inseguendo un nuovo sogno che accarezza da tempo. Con tutti i suoi risparmi ha comprato un grande castello in rovina in Dordogna, non vuole trasformarlo in una reggia per la sua vita da star ma in una grande casa dove accogliere la sua nuova famiglia; Baker, che non può avere figli, ha deciso di adottarne almeno una decina di tutte le etnie e nazionalità per dimostrare, anche nel suo privato, la bellezza della fratellanza al di là di ogni discriminazione e pregiudizio.

Il progetto è imponente e insieme al suo nuovo marito Jo Bouillon, che è anche il suo fidato direttore d'orchestra, intraprende i lavori nel castello di Milandes, ma la ristrutturazione è più onerosa del previsto e prosciuga immediatamente tutti i suoi risparmi. Josephine non si scoraggia, né tantomeno rinuncia al suo progetto, semplicemente si rimbocca le maniche, e dopo aver recuperato piume e paillettes dalla soffitta ricomincia a cantare e ballare in ogni angolo del pianeta per racimolare i soldi che le servono. E da ogni viaggio torna abbracciando un nuovo bambino che entra allegramente a far parte della sua grande famiglia che lei chiama con affetto "la mia tribù arcobaleno", composta per la cronaca da: Akio e Teruya (Giappone), Jarri (Finlandia), Luis (Colombia), Jean-Claude, Moïse e Noël (Francia), Brahim e Marianne (Algeria), Koffi (Costa d'Avorio), Mara (Venezuela) e Stellina (Marocco).

Questo grandioso progetto famigliare non le impedirà di raggiungere Martin Luther King per la marcia su Washington a sostegno dei diritti degli afroamericani il 28 agosto 1963; indossando la sua divisa militare da resistente, dichiarerà davanti a una folla immensa: «Smettiamola di dire "americani bianchi" e "americani neri", e proviamo una volta per tutte a dire...

"americani". Lasciamo che gli essere umani siano uguali sulla terra così come lo sono in cielo».

Una costante di tutta la biografia dell'artista, oltre allo straordinario talento e il gran cuore, è sicuramente l'energia vitale unita a una forza di volontà incredibile, che l'ha spinta ad affrontare la vita con la potenza di un uragano compiendo imprese considerate impossibili senza mai fermarsi un attimo a riflettere su convenienze e tornaconti. Nonostante questo impetuoso coraggio, Josephine dovrà separarsi con grande dolore dal suo castello, troppo oneroso da mantenere, ma riuscirà a tenere unita la sua meravigliosa tribù fino all'ultimo dei suoi giorni. Muore a quasi settant'anni, il 12 aprile del 1975, a Parigi; solo il giorno prima aveva debuttato trionfalmente al Bobino in un nuovo spettacolo che celebrava i cinquant'anni della sua carriera francese: ad applaudirla erano accorsi tutti, da Alain Delon a Jeanne Moreau, e il presidente della Repubblica le aveva spedito un telegramma che esprimeva "tutta la riconoscenza della Francia il cui cuore ha battuto così spesso insieme al suo, con i più grandi auguri per le sue nozze d'oro con Parigi". Josephine non poteva desiderare di più e già stava accarezzando un nuovo visionario progetto per la realizzazione di una casa della fraternità aperta a tutti gli orfani del mondo. Ma forse Tumpie, appesa nel cielo con il suo costume da Cupido, le ha scoccato una freccia dritta al cuore perché aveva capito che era un buon momento per andarsene.

Migliaia di parigini hanno seguito il corteo funebre di Josephine fino alla chiesa della Madeleine, compresa una piccola deviazione in rue de la Gaîté, dove il feretro si è fermato qualche minuto davanti alla facciata del Bobino e per l'ultima volta le lampadine accese con il suo nome hanno illuminato la città.

VANESSA BELL

Rosa Vanessa Bell. Introdotta dall'inglese David Austin nel 2017, ha un arbusto che fiorisce in grossi gruppi di fiori doppi di colore giallo limone pallido dalla forma piuttosto sferica. Il profumo è moderato e ha un sentore di tè verde e limone.

"Sarà una strana vita, ma... andrà bene per dipingere."

La "stanza tutta per sé" tanto desiderata dalla scrittrice Virginia Woolf non aveva le pareti dipinte di bianco ma di un brillante verde menta. Il colore l'aveva scelto la sorella Vanessa, un'artista originale che sfidò tutte le convenzioni del suo tempo: da quelle estetiche, imprimendo un impulso di modernità all'arte inglese, a quelle morali, disegnando nuove forme di convivenza famigliare allegramente scandalose per l'Inghilterra d'inizio secolo.

Ma in principio tutto era grigio e buio. Le due sorelle crescono nell'austera casa di famiglia, in un'atmosfera opprimente e tardo-vittoriana. La madre Julia muore nel 1895 quando Vanessa è ancora giovanissima, un evento che – visto il suo carattere dolce e protettivo – la costringe a farsi carico delle responsabilità domestiche e delle problematiche di una folta schiera di fratelli e sorelle. Nonostante la severità della situazione, Vanessa e Virginia sanno da subito quel che vogliono dalla vita e si allontanano presto dal sentiero destinato alle brave fanciulle di buona famiglia che prevede inevitabilmente un buon matrimonio come unica realizzazione.

"Non riesco a ricordarmi di un tempo della nostra vita in cui Virginia non abbia voluto fare la scrittrice e io la pittrice" scrive Vanessa, e così sarà, grazie anche al padre che, seppur legato alla tradizione, era un intellettuale che credeva fortemente nell'istruzione femminile: un'originalità all'epoca, se non addirittura uno scandalo. Quando nel 1904 Sir Leslie Stephen muore, i figli decidono di vendere l'aristocratica casa natia in Hyde Park Gate e si trasferiscono nel quartiere di Bloomsbury: più economico, e certamente più scapigliato. Al nuovo indirizzo i giovani orfani inaugurano uno stile di vita totalmente anticonvenzionale che Virginia descrive così: "Eravamo piene di esperimenti e innovazioni. [...] Avremmo dipinto; avremmo scritto; e dopo pranzo, alle nove, avremmo bevuto caffè e non tè. Tutto sarebbe stato nuovo; tutto sarebbe stato diverso. Avremmo provato tutto".

È proprio da queste serate affollate da amici che nascono le prime conversazioni intellettuali che daranno vita al Bloomsbury Group, uno dei circoli più effervescenti della Londra d'inizio secolo. Le sorelle Stephen promuovono quel cenacolo di giovani anticonformisti con entusiasmo e divertimento, trasgredendo un tabù radicato nella società dell'epoca che sconsigliava vivamente alle signorine di partecipare a questi salotti e soprattutto di esprimere pubblicamente la propria opinione. Vanessa e Virginia si circondano di artisti che hanno scelto di vivere in estrema libertà e di sovvertire tutte le regole della tradizione: sono idealisti, romantici, pacifisti e libertari, e la presenza delle sorelle come animatrici di quel bizzarro focolare sarà il motore di una rinascita culturale di cui ancora oggi si celebra la vivacità.

Ai nostri giorni ci sembra normale (insomma, quasi...) che una giovane donna decida di seguire le proprie aspirazioni mettendo in pratica il suo talento in totale autonomia, ma allora Vanessa e Virginia furono delle vere pioniere a cui ancora oggi le ragazze devono molto. Tra le tante rivoluzioni del secolo scorso, non trascurerei di ricordare quelle meno cruente e più intime, ovvero le rivoluzioni domestiche o artistiche che spesso sono riuscite a cambiare la storia più di tanti altisonanti movimenti politici.

E in questo senso il percorso di Bell è esemplare, forse meno conosciuto di quello della sorella Virginia, ma non per questo meno importante per la determinazione con cui Vanessa continuò a coniugare arte e vita, senza mai precludersi nessuna esperienza. Sempre desiderosa di andare controcorrente e guidata da un'inarrestabile ispirazione, fu una pittrice all'avanguardia, un'instancabile animatrice culturale in prima linea nell'organizzare dibattiti e patrocinare eventi e mostre, come la scandalosa "Manet and the Post Impressionists" del 1910: un'esposizione fortemente voluta dal critico d'arte Roger Fry, che suscitò scalpore nella sonnolenta cultura inglese del tempo.

La creatività di Vanessa non si ferma alle semplici tele, ma spazia in ogni forma espressiva del quotidiano: dai tessuti per la casa ai mobili, dalle porcellane ai dipinti murali. E, vista la profonda sintonia artistica che la lega alla sorella, illustra i suoi libri. L'arte di Vanessa ha cavalcato generi e linguaggi senza preclusioni né pregiudizi, e ancora oggi l'esempio più lampante che ne resta è la sua casa di campagna nel Sussex, preservata nel tempo esattamente com'era allora e aperta al pubblico, un vero e proprio monumento eclettico della sua meravigliosa follia creativa: "Charleston House è sempre piena di giovani estremamente allegri, che fanno battute e ridono di gusto... sdraiati in un giardino che è tutto un palpitante splendore di fiori e farfalle e mele". Così Vanessa descrive la sua casa, che aveva dipinto e arredato con uno stile originale e stravagante e che ancora oggi emana il suo personalissimo carisma a cui nessuno poteva resistere.

E anche la sua vita privata non fu meno frizzante e anticonformista di quella artistica. Nel 1907 sposa il critico d'arte Clive Bell da cui ha due figli, ma sceglie insieme al marito di vivere liberamente la propria sessualità sperimentando un'affettuosa famiglia allargata che include anche il pittore bisessuale Duncan Grant e il suo fidanzato. Al tempo stesso l'artista è stata una madre protettiva e una nonna amorevole, ma naturalmente non sono tutte rose, fiori e farfalle nella vita di Vanessa. Ombre e dolori oscurano questo quadro idilliaco, come la morte del figlio Julian avvenuta a ventinove anni a causa di un'esplosione durante la guerra civile in Spagna, dove il giovane era partito volontario seguendo lo spirito libertario e pacifista ispirato dalla sua educazione.

Ma la tragedia definitiva per Vanessa è il suicidio di Virginia: un evento che spezza il profondo legame di sorellanza fatto di dedizione e complicità quotidiana, quasi una cospirazione affettuosa che aveva unito per sessant'anni le vite delle due artiste, trasformandole una nello specchio dell'altra. Tanto da far affermare a Virginia in una lettera alla sorella: "Ho sempre sentito che stavo scrivendo per te più che per nessun altro".

Vanessa non ha mai smesso di soffrire per la perdita di Virginia, a cui è sopravvissuta ancora per vent'anni.

Daily Journal
STRIKE OF MATCH GIRLS
FEMALE LABOUR

ANNIE BESANT

Rosa Annie Besant. Creata in Francia da Paul Nabonnand ai primi del Novecento, è un ibrido di tea di un tenuissimo rosa salmone con sfumature color cipria e ambra. I fiori sono grandi e doppi. La fioritura si ripete nel corso della stagione.

Se, come si dice, i gatti possiedono sette vite, Annie Besant li supera di gran lunga, perché di vite ne ha avute ben nove.

A certificarlo è la sua voluminosa biografia ufficiale, divisa in due tomi intitolati rispettivamente *Le prime cinque vite di Annie Besant* e *Le ultime quattro vite di Annie Besant*. Non so quante siano state realmente le vite di questa donna fuori dal comune, ma è certo che è impossibile riassumere in poche pagine la sua esistenza avventurosa; al tempo stesso è impensabile non includerla in questo catalogo di valorose, visto che anche l'ibridatore francese Paul Nabonnand non ha resistito alla tentazione di dedicarle una rosa rifiorente, come il suo spirito multiforme. Qualcuno l'ha venerata come una santa, altri l'hanno criticata aspramente giudicandola una ciarlatana ma senza dubbio, al di là dei giudizi dei suoi contemporanei, Annie ha percorso una strada incredibile tracciando un sentiero totalmente inedito per una donna nata a Londra nel 1847 in piena epoca vittoriana.

La prima vita è simile a quella di tante ragazze cresciute nell'osservanza delle regole e dei dettami religiosi del tempo, ma Annie, orfana di padre a cinque anni, possiede già in embrione i germi rivoluzionari della sua terra d'origine: "Tre quarti del mio sangue e tutto il mio cuore sono irlandesi" afferma orgogliosa nella sua autobiografia. E la prima ribellione allo status quo imposto alle brave ragazze di buona famiglia è la decisione di separarsi dal marito Frank Besant, devoto pastore anglicano a cui era andata sposa a vent'anni, più per inerzia che per amore, come spesso avveniva all'epoca.

Nonostante i due figli e l'enorme scandalo suscitato, Annie non demorde dalla decisione di troncare questa unione con un uomo violento e autoritario, e a ventisei anni si tuffa con audacia nella sua nuova vita noncurante della disapprovazione sociale.

Dopo questa decisione epocale si ritrova in preda a un'intensa crisi religiosa che la spinge ad approfondire lo studio delle nuove discipline umanistiche e, grazie all'amicizia con l'intellettuale radicale Charles Bradlaugh, comincia anche ad appassionarsi alle teorie socialiste e libertarie. In poco tempo perde ogni fiducia negli insegnamenti religiosi perché si rende conto che: "Per secoli i maggiori pensatori cristiani hanno parlato della donna come di un male necessario, e i più grandi santi della Chiesa sono quelli che più hanno disprezzato le donne". Annie non ha più intenzione di farsi demonizzare e con determinazione cambia completamente il corso del suo destino. Insieme a Bradlaugh si occupa della pubblicazione del "National Reformer", un settimanale che promuove idee decisamente rivoluzionarie, affiancandosi alla lotta di tutti i movimenti indipendentisti del momento: dall'Irlanda all'India, dall'Italia fino alla battaglia contro l'abolizione della schiavitù negli Stati Uniti. La metamorfosi intellettuale di Besant è ormai compiuta e non rimane traccia del suo passato, se non nel cognome del marito che non le ha mai voluto concedere il divorzio e nella separazione è riuscito a ottenere l'affidamento dei figli. Ma Annie non demorde e anni dopo saprà riconquistarli; ora però non può più fermarsi e le sue nuove convinzioni la spingono a combattere anche per i diritti della donna, pubblicando insieme a Bradlaugh un libro scandaloso, *The Fruits of Philosophy* di Charles Knowlton, in cui si rivendica il diritto per le donne al controllo delle nascite. Se anche adesso questi argomenti provocano una vera caccia alle streghe, possiamo immaginare cosa potessero scatenare alla fine dell'Ottocento: i due intellettuali furono immediatamente denunciati per oltraggio alla morale e diffusione di idee depravate e oscene. La loro difesa al processo è ancora oggi esemplare: «Pensiamo che sia più etico prevenire il concepimento dei bambini piuttosto che ucciderli una volta nati per la mancanza di cibo, aria e vestiti».

Annie non si accontenta di pubblicare e discutere le sue nuove convinzioni, ma comincia anche un'attività di oratrice pubblica per propagandare le sue idee che, oltre a un ateismo consapevole, comprendono anche una profonda fede nella possibilità di un mondo migliore su nuove basi di fratellanza e giustizia universale. Inutile aggiungere che la sua reputazione è ormai totalmente compromessa agli occhi di tutta la società benpensante, giudizio di cui però Annie non si cura affatto.

Il suo percorso di approfondimento la porta inevitabilmente ad abbracciare le idee socialiste e a frequentare gli intellettuali più rappresentativi del nuovo pensiero marxista, come Edward Aveling e George Bernard Shaw. Non so più a quale nuova vita di Besant siamo arrivati, ma quando incontra il famoso commediografo irlandese, Annie è ormai una donna matura e consapevole che, nonostante la fama di "cattiva ragazza", si sta conquistando una sempre più solida credibilità politica.

Bernard Shaw la incontra a un comizio e rimane affascinato dalle sue qualità oratorie e non solo... anche se nei suoi cinici aforismi ci ricorda che: "La storia d'amore perfetta è quella vissuta interamente per posta"; nella vita reale Shaw non si accontenta di un semplice rapporto epistolare ma intraprende con Annie una relazione sentimentale burrascosa e controversa, che sarà però meno fortunata della loro collaborazione intellettuale. Lo scrittore presenta con entusiasmo Annie alla Fabian Society, un'associazione che sosteneva la graduale introduzione di riforme sociali allo scopo di migliorare le condizioni delle classi più disagiate, e la invita a partecipare alla stesura del Manifesto programmatico del movimento che rimarrà alla storia come la piattaforma politica del futuro Partito laburista. Annie scrive il capitolo sull'industria e intensifica le sue attività in supporto alle rivendicazioni operaie. Nel 1888 le lavoratrici delle fabbriche di fiammiferi la chiamano in aiuto durante il loro primo sciopero contro i salari da fame e le precarie condizioni di lavoro, aggravate dai veleni chimici utilizzati senza nessuna norma di sicurezza. Besant si fa portavoce agguerrita delle loro istanze e dopo solo una settimana la lotta si conclude con una vittoria che permetterà alle operaie di ottenere per la prima volta un sindacato che le rappresenti. Ora Annie è perennemente in tour tra fabbriche e piazze, pronta ad abbracciare tutte le cause che le stanno a cuore, quando un incontro inaspettato provocherà l'ennesimo capovolgimento della sua esistenza. Il caso è incarnato dalla nobildonna di origine russa Helena Petrovna Blavatsky, che spazza come un tornado tutte le sue vite precedenti. Annie incontra la contessa a Parigi nel 1889 per intervistarla, perché deve scrivere l'introduzione al suo libro *La dottrina segreta*, un testo fondamentale per tutti gli studiosi di teosofia e per chi ha deciso di intraprendere il cammino verso la conoscenza assoluta. Madame Blavatsky, che nel 1875 aveva fondato a New York la Società teosofica internazionale allo scopo di approfondire gli studi della filosofia esoterica e creare nuovi adepti nel mondo, è un tipo a dir poco originale: spiritualista, veggente, studiosa di filosofia e storia delle religioni, ha anche un debole per le arti occulte e non nega di essere in contatto mentale con i grandi maestri – i Mahatma – che dice di aver conosciuto in un suo viaggio in Tibet. Besant è fulminata da questo incontro e aderisce con entusiasmo alle nuove dottrine spirituali che – come spiega nella sua autobiografia al capitolo significativamente intitolato *Dalla tempesta alla pace* – colmano quel vuoto che il materialismo della cultura marxista aveva creato. Annie dice di aver trovato finalmente la vera strada per riuscire a combattere le ingiustizie e aiutare gli uomini e le donne a raggiungere una fraternità universale attraverso la verità e la saggezza espresse nei millenni da generazioni di profeti. È un vero colpo di scena che le attirerà le critiche e la disapprovazione di molti dei suoi compagni di lotta, ma Besant, che non si è mai lasciata condizionare, si butta con il solito fervore in questa nuova avventura, diventando prima un'adepta fedele della nuova disciplina e poi, alla morte della contessa, addirittura presidente della Società teosofica internazionale.

Nel 1893 Annie si reca per la prima volta in India per una conferenza e si innamora perdutamente del Paese di cui aveva già sostenuto le istanze di autonomia. L'incontro con questa terra è fatale e Besant decide di trasferirsi a Adyar, vicino a Madras, dove rimarrà quasi stabilmente fino alla morte, nel 1933. Ma, nonostante continui ad approfondire la sua ricerca spirituale, l'intrepida Annie non ha certo deposto le armi e la sua nuova vita indiana sarà punteggiata da lotte e battaglie che la porteranno addirittura a essere eletta per un anno come presidente del Partito del Congresso: un attestato di stima inaudito per una donna, tra l'altro di nazionalità inglese. Ma la nostra eroina ormai si sente indiana a tutti gli effetti, ha smesso gli abiti occidentali e indossa sempre un sari bianco, il colore del lutto: un segno di rispetto per le sofferenze che affliggono il Paese che ama.

Besant è convinta che le basi necessarie per un futuro di libertà e indipendenza derivino soprattutto dal potere dell'istruzione, e lo ribadisce spesso nei suoi comizi: "La conoscenza è essenziale per la conquista; solo la nostra ignoranza ci rende inermi", e grazie a una raccolta fondi tra i principi indiani riesce a fondare a Varanasi il Central Hindu College, una scuola di alto profilo il cui obiettivo è formare la nuova classe dirigente indiana.

Anche solo un decimo di tutte queste attività basterebbe ad appagare una vita intera, ma la nostra valorosa ha ancora qualcosa di straordinario in serbo per la storia. Nel 1909 "scopre" per caso su una spiaggia vicino a Madras un ragazzino orfano di madre e subito si convince che non è un adolescente qualsiasi, ma la reincarnazione del Buddha. Da quel momento lo adotta, e il ragazzo, chiamato Krishnamurti, comincia un intenso percorso di studi e un vero e proprio apprendistato per far sbocciare "il profeta" che Besant e i seguaci della Società teosofica hanno intuito nella sua aura.

Il giovane Krishnamurti tiene il suo primo discorso pubblico a Parigi nel 1920 durante il Theosophical World Congress e provoca una profonda impressione tra il pubblico, non solo per le sue parole di grande saggezza ma soprattutto per l'incredibile forza che emana dalla sua persona. Annie lo ha adottato come un figlio e rimarrà legata a lui tutta la vita, anche quando Krishnamurti deciderà di "dimettersi" dalla Società teosofica e dalla missione che la madre aveva progettato per lui. Con grande dolore Annie lo lascia libero di scegliere il suo destino: come poteva agire altrimenti una donna che aveva fondato la sua vita sull'autonomia più totale da ogni imposizione?

Annie Besant vive fino a ottantacinque anni e alla sua morte il corpo, avvolto da una bandiera indiana, viene cremato: le ceneri, secondo la sua volontà, vengono sparse in parte nelle acque del fiume Gange e in parte nel giardino della sede della Società teosofica di Madras. E così si conclude la sua nona e ultima vita. Ma non ne sono così sicura; vista la sua grande fede nella reincarnazione, non è detto che Annie non si aggiri ancora tra noi, in un'ennesima e straordinaria nuova vita ancora tutta da raccontare.

G
G-ABAK
DENYS GEORGE
FINCH HATTON

KAREN BLIXEN

Rosa Karen Blixen, ibrido di tea di medie dimensioni amante dei climi secchi, dai fiori stradoppi grandi e bianchi caratterizzati da una delicata fragranza fruttata. L'arbusto è formato da lunghi steli che portano i fiori per lo più solitari: ottimi, quindi, da recidere. Nei climi più freddi, soprattutto se coltivata in vaso, Karen Blixen può necessitare di una protezione invernale.

«Se non avessi perso la mia fattoria in Africa non sarei mai diventata una scrittrice; non sempre i disastri nella vita annunciano altre tempeste.» E soddisfatta di questa sentenza lapidaria, Karen assaporò un altro sorso di champagne accompagnato da un'ostrica dell'Atlantico. Il menu era stato scelto meticolosamente dalla padrona di casa, la scrittrice americana Carson McCullers, seguendo le indicazioni impartite dall'entourage di Karen Blixen. Non era stato servito brodo di tartaruga come nel suo racconto *Il pranzo di Babette*, ma solo ostriche, uva e champagne, con l'aggiunta di un soufflè non richiesto per accontentare anche il palato degli altri pochi ospiti invitati a cena che, oltre al cugino della padrona di casa e alla sua segretaria, comprendevano solo Marilyn Monroe e il marito Arthur Miller. Pare che Marilyn, in preda alla sua proverbiale insicurezza, avesse chiesto più volte come si sarebbe dovuta vestire per l'occasione, ma Carson l'aveva rassicurata: era un invito informale, dovuto al desiderio di Blixen di conoscere la star di Hollywood durante il suo primo e unico soggiorno americano.

Siamo nel 1959, Karen Blixen ha settantaquattro anni, pesa a malapena quaranta chili ma non ha perso il suo spirito effervescente, la voglia di raccontare storie e di fumare una sigaretta dietro l'altra. La scrittrice danese è stata invitata a New York dall'American Academy of Arts and Letters per un giro di conferenze e incontri letterari e, nonostante le malandate condizioni di salute causate dalla sua antica malattia, accetta con entusiasmo questo viaggio nel Paese dove i suoi libri sono sempre stati accolti con affetto straordinario. La foto che immortala questo curioso incontro è storica: Marilyn indossa un abitino nero molto scollato arricchito da un grande collo di pelliccia che esalta la sua incredibile bellezza, mentre Karen – ormai di una magrezza impressionante – tutta ossa e pelle sembra quasi una scultura lignea, ma con un turbante-sciarpa che la avvolge da capo a piedi è ancora di un'inarrivabile eleganza aristocratica.

Blixen confesserà agli amici che era rimasta colpita dall'innocenza e dalla vitalità della Monroe, che le ricordava "un cucciolo di leonessa che i miei servitori indigeni in Africa mi portarono ma non osai tenere".

Quando arriva a New York la scrittrice si considera nella sua quinta vita: è così che ha diviso la sua esistenza durante la conferenza all'Academy, attribuendo a ogni fase un motto distintivo. L'ultimo è una citazione di Edmund Spenser: "Sii audace, sii audace – ma non troppo audace". E audace, la nobildonna danese, lo è stata sempre sin da ragazzina, quando scorrazzava nelle incantevoli tenute famigliari di Rungsted, nella campagna danese vicino al mare, e già scriveva i suoi primi racconti; ma prima della definitiva trasformazione in scrittrice dovranno passare ancora molte vite, che la vedranno protagonista di una lunga serie di avventure. Lei stessa anni dopo dichiarerà: «Nessuno è entrato nella letteratura sanguinando più di me».

Poco più che ventenne Karen si innamora follemente di suo cugino, il barone Hans Blixen-Finecke, ma non è corrisposta; allora sposa il fratello gemello Bror e diventa la baronessa Blixen. Quello che sembra un ripiego si rivela invece un matrimonio d'amore: insieme, i due giovani decidono di lasciare la Danimarca e, con un vero salto nel buio, inaugurano una nuova vita nel continente africano. È proprio il desiderio di vivere sempre in totale libertà, lontano dalle convenzioni sociali, uno dei tratti caratteristici di questa originale baronessa, che acquista insieme al marito una piantagione di caffè nei pressi di Nairobi.

"In Africa avevo una fattoria ai piedi degli altipiani del Ngong...": è il celebre incipit del romanzo *La mia Africa*, che Blixen scrisse molti anni dopo per ricordare la sua esperienza romantica e avvolgente, ma anche carica di avvenimenti dolorosi. A un anno dal suo arrivo infatti si ammala gravemente; in un primo momento i medici pensano che sia malaria, ma presto si scopre che si tratta di sifilide, e a uno stadio avanzato. È stato Bror, con le sue continue infedeltà, a trasmetterle questa terribile malattia, che allora si curava solo con massicce dosi di mercurio e arsenico: una terapia d'urto che mina definitivamente la salute di Karen. Ma nonostante tutto lei non vuole divorziare dal marito che ama ancora, fino a che non è lui a chiedere la separazione, lasciandola da sola a gestire la piantagione. L'indomita baronessa non si perde d'animo e, anche se non è affatto portata per gli affari, fa di tutto per salvare la fattoria, sempre sull'orlo del fallimento per le difficoltà economiche dovute alla crisi dell'esportazione del caffè; non a caso in quegli anni il suo soprannome è "Njeri Wagoka", "quella indaffarata". Ma questo sarà anche un periodo molto felice grazie al magico incontro con Denys Finch-Hatton, il più grande amore della sua vita. Oggi è difficile per noi separare la vera storia dei due amanti dall'immagine cinematografica del film premio Oscar tratto dal romanzo *La mia Africa*. I volti di Robert Redford e Meryl Streep si confondono con quelli dei protagonisti che li hanno ispirati, e ci sembra di aver vissuto insieme a loro le luminose giornate africane tra letteratura, musica classica, safari e i racconti serali al tepore del camino. La verità è un po' più controversa, ma il finale tragico purtroppo è lo stesso. Nel 1931 Finch muore in un incidente mentre è alla guida del suo aereo e con lui si chiude per sempre il sogno africano della Blixen. La piantagione è divorata dai debiti e per Karen non ci sono più ragioni per combattere; in pochi giorni decide di abbandonare tutto e tornare in Danimarca.

Ma nonostante le grandi difficoltà che ha dovuto superare, i diciassette anni che la scrittrice ha trascorso in Africa sono stati "unici e meravigliosi", perché qui ha trovato una dimensione di vita selvaggia e primitiva che le ha permesso di esprimersi in totale libertà: "Anche se con altri l'Africa è stata più clemente, io credo fermamente di essere uno dei suoi figli prediletti. Un gran mondo di poesia mi si è dischiuso quaggiù, e mi ha fatta entrare, e io l'ho amato". Anni dopo i suoi romanzi saranno accusati di razzismo per i toni paternalistici e naïf con cui Karen descrive il suo rapporto con gli "indigeni": in realtà i suoi sentimenti erano sinceri e appassionati e vanno inquadrati storicamente, senza dubbio come figli del colonialismo ma anche di quella scuola romantica che credeva che nei "nativi" ci fosse più saggezza che negli uomini industrializzati. "Ho guardato i leoni negli occhi e ho dormito sotto la Croce del Sud, ho visto le grandi praterie in fiamme e le ho viste coperte di tenera erba verde dopo la pioggia, sono stata amica di Somali, Kikuyu e Masai [...] e credo che la mia casa qui sia stata un rifugio per i viandanti e i malati, e per gli indigeni il nucleo di uno spirito amichevole."

La casa di Karen, abbandonato il Kenya, sarà di nuovo la gelida campagna di Rungsted: i cieli sconfinati sopra le pianure di Ngong appartengono ormai al passato, ma ritrova il mare della sua infanzia. "La cura per ogni cosa è l'acqua salata: sudore, lacrime o il mare." La grande forza di questa donna è riuscire a reinventarsi a ogni fase della vita, trasformando i rovesci in nuovi capitoli del suo destino. Non a caso un altro dei suoi celebri motti è: "Perché no?".

Karen non ha paura di cavalcare gli eventi e sarebbe capace di trasformarsi in qualsiasi altra donna pur di sopravvivere, proprio come Pellegrina Leoni, la protagonista del suo racconto *Dreamers*, che afferma: "Posso essere molte donne. E non mi metterò a pensare se queste donne sono felici o infelici, sciocche o sagge. Non voglio più essere una persona soltanto, d'ora in poi: sarò sempre tante persone". E così sarà grazie ai molteplici pseudonimi che adotta per diventare una scrittrice, ma allo stesso modo avrebbe potuto scegliere di trasformarsi in una grande cuoca, come scrive in una lettera al fratello Thomas appena tornata in Danimarca: "Mi sono domandata se potessi andare a Parigi per un anno o due a imparare a cucinare, e poi magari trovare lavoro in un ristorante o in un hotel". Per nostra fortuna, più che pentole e fornelli, sarà invece una macchina da scrivere Corona la sua compagna inseparabile per affrontare questa nuova reincarnazione che, in soli tre anni, la proietterà con successo nel mondo letterario. Ma l'inizio non è stato così facile: gli editori europei rifiutarono in blocco *Sette storie gotiche*, il suo primo manoscritto, che oggi è considerato uno dei suoi lavori migliori. Non ne volevano sapere di una raccolta di racconti firmata da una sconosciuta scrittrice danese di quarantotto anni, e commentarono impietosi: "Signora Blixen, lei non ha nessuna speranza". Ma Karen, come sempre, non si perde d'animo e spedisce una copia dei racconti a un piccolo editore americano, che se ne innamora immediatamente. Il resto è storia. Dal 1934 Karen Blixen, sotto vari pseudonimi come Isak Dinesen, Pierre Andrézel e Osceola, pubblica romanzi, racconti, saggi, memorie e reportage giornalistici.

Per lei scrivere è un'attività naturale, ma si considera più una cantastorie che una vera scrittrice, affermando di appartenere alla tradizione della letteratura orale e di essersi esercitata per anni raccontando storie ad amici e sconosciuti, o anche solo a se stessa nelle lunghe giornate di solitudine. "Le storie si raccontano da quando esiste la parola, e priva di storie la razza umana sarebbe perita, come sarebbe perita priva d'acqua": così dichiara un personaggio di uno dei suoi ultimi racconti, e infatti Karen non smetterà mai di narrare fino alla fine. Anche quando negli ultimi anni la malattia non le permette più di lavorare seduta alla macchina da scrivere, la baronessa continua a raccontare le sue storie dettandole alla segretaria, senza mai perdere quell'ispirazione che l'ha sempre guidata.

Karen Blixen viene nominata più volte al premio Nobel per le sue opere, ma non lo vince mai – si dice perché la giuria non vuole passare per provinciale premiando una scrittrice dei Paesi scandinavi. Ma quando Ernest Hemingway, nel 1954, riceve il Nobel per la letteratura, dichiara che al suo posto l'avrebbe meritato di più la Dinesen, scrittrice immensa che lui ammira da sempre. Karen, deliziata da questo complimento, confessa che l'affermazione di Hemingway vale per lei più di due premi Nobel – a parte i soldi, naturalmente!

Quando la scrittrice arriva in America è felice di omaggiare la terra che per prima ha intuito le sue qualità letterarie, e vorrebbe anche conoscere l'autore di *Verdi colline d'Africa*. Hemingway, però, è all'estero, e lei non avrà mai più la possibilità di incontrarlo.

Peccato, sarebbe stato affascinante assistere alle conversazioni di questi due vecchi leoni che si erano giocati il destino ai dadi d'oro, come gli dèi della mitologia nordica tanto amata dalla scrittrice.

GAME OF ROUND THE WORLD
Nellie Bly
NEW YORK
PARIS
LONDON
BERLIN
NAPLES
MOSKOW
CONSTANTINOPLE
ATHENS
PORT SAID
ADEN
JERUSALEM
BOMBAY
CALCUTTA
THE ASYLUM, FROM ROAD TO STEAMBOAT LANDING.
HM . Feb. 1866
BLACKWELL'S ISLAND LUNATIC ASYLUM.

NELLIE BLY

Rosa Nellie Bly. Creata dallo statunitense Ralph S. Moore nel 2008, è una graziosa rosa miniatura, rifiorente e leggermente profumata, che raggiunge al massimo 60 cm di altezza. Le corolle a forma di rosetta sono di colore giallo pallido che, mano a mano che il fiore invecchia, vira al bianco.

Il 12 gennaio del 1885 appare sul "Dispatch" di Pittsburgh l'editoriale di un famoso giornalista locale, Erasmus Wilson, dal titolo *What Girls Are Good for*, "A cosa servono le ragazze": il contenuto rispecchia pienamente la mentalità non proprio liberale del suo autore, che in sintesi lamenta la nuova "mostruosità" che spinge le donne a cercare un lavoro invece di starsene al calduccio nelle loro case ad accudire figli e marito, dedicandosi alle attività per cui letteralmente "servono". Anche se siamo solo alla fine dell'Ottocento, Mister Wilson aveva un po' esagerato con la sua fede maschilista, e l'articolo viene sommerso da una valanga di critiche. Tra le lettere di protesta dei cittadini e soprattutto delle cittadine ne arriva una che, per la forza delle rimostranze e lo stile intelligente e sincero, colpisce l'attenzione del direttore George Madden. È firmata Lonely Orphan Girl, ma Madden è sicuro che si tratti di un uomo: certamente una ragazza non può scrivere così bene, e incuriosito invita al giornale l'anonimo lettore per offrirgli un lavoro.

Possiamo immaginare la sua meraviglia quando a presentarsi è Elizabeth Cochran, una ventenne di bell'aspetto fasciata in un abito di seta e imbacuccata in un turbante di pelliccia. È lei l'autrice e, anche se non sembra per niente una povera orfanella, sta conducendo una vita abbastanza disperata. Elizabeth aveva solo sei anni quando il padre morendo lasciò la famiglia piena di debiti e, come se non bastasse, appena adolescente aveva dovuto testimoniare al processo per allontanare da casa il secondo marito della mamma, un omaccione dal temperamento violento che aveva come hobby l'ubriachezza molesta.

Lo scenario sembra quello di un romanzo vittoriano, se poi ci aggiungete che le aspirazioni lavorative della giovane si erano appena infrante a causa dell'impossibilità di proseguire gli studi da maestra per mancanza di soldi per le rate della scuola, il quadro si completa a tinte sempre più fosche. Tuttavia la signorina Cochran non ha nessuna intenzione di diventare l'eroina di un melodramma strappalacrime e con entusiasmo si accaparra il nuovo lavoro, convincendo il direttore sconcertato che sarà all'altezza della situazione.

Quel giorno nasce Nellie Bly, nome di penna ispirato a una canzone popolare, trovato all'unisono dalla redazione per la prima donna a entrare nel giornale; era meglio confondere le acque, visto che all'epoca assumere una giornalista era ancora una stranezza inopportuna. Ma in pochissimo tempo, grazie a una serie di articoli di denuncia sulle condizioni del lavoro femminile nelle fabbriche e inchieste sulle discriminazioni subite dalle ragazze meno abbienti, Miss Bly si trasforma nella "più brava reporter americana", come la definisce anni dopo il prestigioso "New York Journal". I pezzi di Nellie fanno subito scalpore, non si era mai vista una ragazza che scrivesse con tale autorità di certi argomenti: le vendite raddoppiano, e il direttore le raddoppia anche il primo stipendio di cinque dollari a settimana. Come sempre nelle favole, però, a un certo punto arriva il lupo cattivo, e in questo caso appare nelle vesti degli inserzionisti e dei grandi finanziatori del "Pittsburgh Dispatch", che non sopportano che una ficcanaso getti fango sulle fabbriche e sulle imprese della città. Il direttore com'era prevedibile invita gentilmente Miss Bly a occuparsi delle rubriche di giardinaggio e mondanità varie, sicuramente più adatte alla sopravvivenza del giornale ma molto meno al talento e alle ambizioni di Elizabeth, che decide con un colpo di testa di mollare tutto e cercare la sua fortuna di reporter a New York. Una mattina lascia un semplice biglietto sulla sua scrivania: "... sentirete parlare di me" e parte senza avere nessuna prospettiva, armata solo di una grande forza di volontà e di un altrettanto smisurato spirito d'avventura.

Nellie Bly è certamente una testa dura, ma l'impatto con il mondo della carta stampata della grande metropoli non è una passeggiata. La giovane giornalista si presenta alle porte di tutti i quotidiani newyorchesi incassando una serie umiliante di rifiuti ma, prima di gettare la spugna, decide di giocarsi l'ultima carta e porta al suo quotidiano preferito, il "New York World", di proprietà di un certo Pulitzer, un'idea temeraria: si offre di fingersi pazza per farsi internare nel famoso manicomio femminile di Blackwell's Island e scrivere un'inchiesta "sul campo" sulle condizioni in cui vengono tenute le malate di mente rinchiuse nella struttura. Il direttore del giornale intuisce la genialità e il talento naturale di questa ragazza intraprendente e, sebbene scettico sulla riuscita della sfida, le assegna l'incarico. Elizabeth studia la parte di una demente smemorata, e vestita miseramente va a cercare asilo nell'ospizio dei poveri. Dopo soli due giorni è già ricoverata al Blackwell's Island: praticamente un girone dantesco, dove le internate subiscono dei trattamenti vicini alla tortura e perdono ogni dignità umana. Gli articoli che Nellie pubblica dopo dieci giorni di questa prigionia forzata suscitano un grande scandalo e l'indignazione dei newyorchesi, tanto che le autorità sono costrette a ordinare un'inchiesta e lo Stato a stanziare un milione di dollari per migliorare le condizioni delle ricoverate.

Nellie Bly ha appena inventato il giornalismo d'inchiesta "sotto copertura" e da quel momento la sua corsa diventa inarrestabile: racconta la condizione delle detenute nelle prigioni, naturalmente dopo aver passato alcuni giorni in cella; si fa assumere come cameriera e si occupa della misera condizione di queste lavoratrici; scoperchia scandali e intervista celebrità con il suo stile diretto e moderno, ed è l'unica che documenta il punto di vista degli operai durante lo sciopero delle Pullman Railroads di Chicago del 1894.

Ormai Nellie è una celebrità, e per essere all'altezza della sua fama lancia al suo giornale la madre di tutte le sfide: era da poco stato tradotto con enorme successo il libro di Jules Verne *Il giro del mondo in ottanta giorni*, e Bly si propone di battere il record del protagonista del romanzo realizzando un reportage sensazionale del suo tour intorno al globo. Al "World" fanno di tutto per dissuaderla: secondo il parere dei suoi colleghi è una spedizione troppo pericolosa per una donna, e assumere delle guardie del corpo per proteggerla sarebbe stato eccessivamente costoso, per non parlare poi della quantità di valigie sicuramente necessarie a una femmina per affrontare climi così diversi. Davanti allo scetticismo generale Nellie è lapidaria e minaccia di andare a proporre il servizio a un giornale concorrente. Joseph Pulitzer, che di giornalismo un po' ci capisce, la fa partire immediatamente, e la foto di Nellie vestita con una comoda redingote alla Mary Poppins e una minuscola valigia in mano fa il giro dei giornali d'America.

Il contenuto della sua modesta sacca da viaggio è spartano ed essenziale, a parte una sola debolezza: un "voluminoso e compromettente" barattolo di crema idratante – d'altronde a tutto si può rinunciare, ma non a una buona idratazione. Nessuna medicina, invece, perché è convinta di avere "una salute di ferro". Nellie s'imbarca all'Hoboken Pier di New York il 14 novembre del 1889 alle 9.40 senza "un palpito di paura, né di trepidazione", come titola il suo giornale.

Il percorso prevede una prima tappa a Londra e poi senza fiato verso Calais, Brindisi, Porto Said, Ismailia, Suez, Aden, Colombo, Penang, Singapore, Hong Kong, Yokohama, San Francisco e finalmente New York. Da ogni luogo Nelly invia report avventurosi conditi da interessanti descrizioni degli usi e costumi delle popolazioni locali, che i lettori del giornale divorano. La sua corsa contro il tempo è piena di imprevisti, come una tempesta al largo del Giappone che rischia di farle perdere l'obiettivo, ma anche ricca di piacevoli sorprese, come l'incontro con una scimmietta trovata a Singapore che Nellie decide di portare con sé fino in America.

L'impresa ha un successo straordinario e più di un milione di persone partecipa alla lotteria indetta dal "World" per indovinare l'attimo esatto in cui Nellie sarebbe sbarcata a New York al suo ritorno. La giornalista riesce a bruciare il record del romanzo: porta a termine il giro del mondo in soli 72 giorni, 6 ore, 11 minuti e 14 secondi, viaggiando con tutti i mezzi possibili – persino a dorso d'asino – e sempre da sola! L'avventura fa così scalpore che Nellie, al suo arrivo, viene letteralmente portata in trionfo da migliaia di persone che la aspettavano al molo newyorchese per omaggiarla. Ma alla stampa che la intervista lei candidamente risponde: «Non è poi questa gran cosa per una donna compiere un viaggio del genere. Con il fegato, l'energia e l'indipendenza che oggi caratterizzano tante donne, non c'è da stupirsi più di tanto».

Ormai Nellie è una vera star, e il mercato dei gadget le dedica un'infinita serie di oggetti, tra cui un Gioco dell'Oca con tutte le tappe dell'incredibile impresa e persino una bambolina che la riproduce, con tanto di redingote.

Dopo un risultato del genere non è facile superare se stessi, e per questa pioniera del giornalismo investigativo forse è arrivato il momento di cambiare vita scrivendo un finale diverso, magari romantico, al suo personale romanzo vittoriano... Qualunque sia la ragione, Nellie ritorna Elizabeth e di punto in bianco sposa un miliardario di quarant'anni più grande di lei, diventando così la signora Seaman, a capo di una filiera di fabbriche dell'acciaio.

Tuttavia quello che sembra un perfetto happy end cinematografico non sarà l'epilogo della storia di Elizabeth Cochran. Come spesso avviene nella vita reale il miliardario non si rivela un granché: è piuttosto geloso e possessivo, e soprattutto ha portato quasi al fallimento le sue illustri imprese. Elizabeth decide di rimboccarsi le maniche prendendo in mano gli affari di famiglia e, trasformandosi per incanto da giornalista in imprenditrice, mette in pratica tutte quelle riforme del lavoro che aveva sempre auspicato nelle sue inchieste. In pochi anni riesce persino a risanare i conti, ma alla morte del marito scopre altri debiti e abbandona tutto rifugiandosi in Europa per cambiare ancora una volta il corso della propria esistenza. Siamo allo scoppio della Prima guerra mondiale e Nellie non può non rispondere al richiamo del giornalismo, suo unico vero amore: da Vienna si trasferisce subito al fronte e inaugura una nuova carriera da inviata di guerra. È tra le prime donne a farlo e le sue cronache sul campo sono come sempre puntuali e dettagliate, senza pietismi né retorica, perché da giornalista di razza sa sempre quali sono le giuste domande da porre ai suoi interlocutori. Tornata a New York è di nuovo in sella: attraverso una nuova seguitissima rubrica sul "New York Journal" aiuta le persone in difficoltà, scoperchia soprusi e ingiustizie, e soprattutto non perde mai quell'impeto passionale che ha animato tutta la sua vita che, purtroppo, si spegne banalmente per una polmonite trascurata alla ancor giovane età di cinquantasette anni.

La storia di Nellie Bly è una leggenda senza fine: un'esistenza valorosa e quasi acrobatica che è stata d'ispirazione per generazioni di ragazze che, se anche non hanno mai sognato di scrivere sui giornali, sicuramente hanno capito che poteva essere molto utile leggerli. A volte, l'indignazione suscitata da certi articoli può essere la scintilla di grandi imprese.

IN PERSON
BETTY BOOP
The WORLD FAMOUS
COTTON CLUB
PRESENTS
CAB CALLOWAY
COTTON CLUB PARADE
DINNER
$1.50
BOOP-
BOOP-A-
DOOP!
DOUGHNUTS
SANDWICHES
FEATURING
CENSORED
EXTRA
BETTY'S
IN TOWN

BETTY BOOP

Rosa Betty Boop, floribunda creata nel 1999 dallo statunitense Tom Carruth. I fiori sbocciano in piccoli mazzi in un mix di colori che partendo dal giallo limone del centro della corolla sfumano nel bianco per poi esplodere in un intenso rosso carminio sui bordi.

Betty Boop non è una donnina in carne e ossa ma solo un cartone animato, eppure è riuscita a conquistarsi sul campo i gradi di ragazza valorosa consegnando ai posteri un'immagine femminile ironica e trasgressiva che ha sbaragliato per sempre la supremazia zuccherosa di Minnie, l'eterna fidanzata di Topolino. Betty nasce nel 1930, un paio di anni dopo la più famosa topolina, e subito si fa notare per un abbigliamento non proprio adatto a un pubblico di famiglie: niente fiocchi a pois ma sexy giarrettiere che sbucano da tubini corti e sensuali, rossetto rosso fuoco d'ordinanza e tacchi a spillo. Una miscela provocante che arriva come un fulmine nel mondo dei pupazzi teneri e rassicuranti creati da Walt Disney, per non parlare delle piccole eroine leziose e sdolcinate interpretate dalla riccioluta Shirley Temple. A disegnarla sono i fratelli Fleischer, fondatori di una casa di produzione nella East Coast che sperimenta tecniche e storie controcorrente, rivolgendosi anche a un pubblico adulto che subito apprezza il nuovo cartone animato. Betty in realtà nasce sotto le spoglie di un cagnolino, ma presto le sue orecchie da barboncino si trasformano in orecchini e lei assume le sembianze della ragazza avventurosa con la vocina flautata che ancora oggi conosciamo.

Il nuovo cartoon viene prodotto nell'era della Grande Depressione: proprio quando il cinema in America si assume il compito di distrarre il pubblico dalla crisi economica con storie edificanti e a lieto fine, la nostra eroina invece viaggia da subito controcorrente, proponendo il ritratto di una donna emancipata e autoironica che contrasta con il nuovo corso.

L'immagine di Betty è ispirata infatti alle flapper, le "maschiette" dell'Età del jazz, che hanno incarnato il cambiamento epocale della società dopo la Prima guerra mondiale. Le donne, costrette a fare a meno degli uomini durante il conflitto, hanno imparato a cavarsela da sole: ora lavorano, guadagnano, sono padrone del proprio destino, e dal 1920 possono pure votare. Il desiderio di libertà ed emancipazione si traduce nel nuovo look rivoluzionario che prevede capelli e gonne corte e la definitiva condanna a morte del corsetto con tutti i suoi lacci. Per risollevare l'industria dei busti, che crolla in quegli anni del 75 per cento, non basterà la scena di *Via col vento* in cui la povera Rossella O'Hara si fa stringere il corpetto dalla sua Mami fin quasi a perdere il respiro. I benpensanti scuotono la testa e per arginare questa ondata irrefrenabile vengono istituite delle multe per gli orli troppo corti delle gonne, e addirittura in alcuni Stati è previsto l'arresto per le scollature fuori norma. Ma queste ragazzacce non hanno paura di infrangere la legge: durante il proibizionismo frequentano gli *speakeasy* dove bevono alcolici, fumano in pubblico, e si scatenano allegramente nel nuovo ballo di moda, il charleston, ideale per loro visto che non prevede necessariamente un cavaliere. L'unica cosa che le flapper temono è il matrimonio, non a caso chiamano la fede nuziale "manetta". Per non parlare del loro disinvolto rapporto con il sesso, molto diverso da quello delle loro nonne, come sottolineava ironicamente Dorothy Parker nella sua poesia *Flapper*.

Sarà un'impresa domarle ma alla fine il moralismo ipocrita avrà la meglio, e l'America esclamerà insieme al presidente Franklin D. Roosevelt: "Finché il nostro Paese avrà Shirley Temple, noi staremo bene". Ma la nostra Betty Boop, incurante delle nubi all'orizzonte, continua a sgambettare con la sua minigonna in una serie di storie a dir poco inaudite per l'involuzione in atto. Come in *Boop-Oop-a-Doop*, dove Betty sventa addirittura un tentativo di molestia sessuale da parte del direttore del circo dove lavora: un orco che cerca di ricattarla in cambio di favori "sentimentali", ma che verrà messo a posto dalla candida Betty con l'aiuto del suo inseparabile amico, il clown Koko. O nel delizioso *Minnie the Moocher*, dove Betty decide di scappare di casa per sfuggire all'oppressione di genitori antiquati e severi che la sgridano in continuazione, tanto che il padre, al posto della testa, ha un grammofono che suona un disco rotto. La colonna sonora del cartoon è la famosa canzone del jazzista Cab Calloway, che partecipa al film sia come musicista che come un esilarante tricheco: e anche se alla fine, per non urtare la morale dell'epoca, Betty torna a casa, la storia è moderna fin nei dettagli del disegno che presentano ambientazioni realistiche e molto poco rassicuranti. Troppo, per un Paese in piena restaurazione che ha appena inaugurato un ferreo regolamento per controllare la morale delle pellicole cinematografiche. E così nel 1934 la mannaia del famigerato codice Hays si abbatte sulla colpevole Betty Boop, troppo sexy e libera per la nuova America puritana. Anche un cartone animato può essere pericoloso, e il meticoloso ufficio di Joseph Breen ordina prima di tutto di tagliare la sigla iniziale del cartoon dove Betty fa l'occhiolino al pubblico e balla muovendo un po' troppo i fianchi in una evidente allusione sessuale che potrebbe suggerire "pensieri immorali". E storia dopo storia la censura continua ad abbattersi implacabile sulla nostra eroina eliminando lentamente ogni elemento trasgressivo: la prima a scomparire è la celebre giarrettiera a vista, fino a un totale cambio di guardaroba che trasformerà la povera Betty in una casalinga anonima senza personalità condannandola a un declino inarrestabile. Nel 1939 infatti la nuova Betty Boop ha perso il favore del pubblico e il suo cartoon chiude definitivamente i battenti. Ma la potenza di questa cattiva ragazza rimane intatta anche nei decenni di oblio per risvegliarsi più provocante che mai nel 1988 in una scena del film *Chi ha incastrato Roger Rabbit?*, in cui Betty riappare nel suo elegante bianco e nero in un cameo omaggio come sigaraia di un club notturno. Il tempo non ha scalfito la sua sensuale innocenza e il detective Eddie Valiant non può che riconoscere che la ragazza "è ancora in gamba". Betty lo saluta intonando il suo "*boop-oop-a-doop*", il ritornello tormentone che l'ha resa famosa e che giocosamente nascondeva un ironico doppio senso.

TO THE
POWER
THE BLACK PANTHER
INTERCOMMUNAL NEWS SERVICE 25 cents
THE BLACK PANTHER PARTY
ANGELA DAVIS, A BLACK WOMAN IN THE LIBERATION STRUGGLE
FREE ANGELA DAVIS

ANGELA DAVIS

Rosa Angela Davis, ibrido di tea creato nel 2005 dal gallese Lionel Poole, che produce grandi fiori intensamente profumati. I petali, che si curvano dolcemente verso il basso, sono di un delicato colore rosa che sfuma nell'albicocca.

Essere radicale vuol dire semplicemente comprendere le cose alla radice.

KARL MARX

"Guardo le mie povere cose / una foto di Angela Davis / muore lentamente sul muro / e a me di lei / non me n'è fregato niente mai." Così cantava Francesco De Gregori nel 1974, una voce fuori dal coro generale che invece era osannante più che mai: dai Rolling Stones a John Lennon fino al poeta francese Jacques Prévert, tutti avevano dedicato un verso di rispetto e solidarietà alla rivoluzionaria nera che l'America aveva ingiustamente incarcerato nel 1970, accusandola di aver procurato le armi al gruppo che fece irruzione al processo dei Soledad Brothers. Il mondo intero prese le difese di Angela Davis, ma l'omaggio più incredibile rimane sempre quello del Quartetto Cetra, una formazione canterina specializzata in motivi leggeri e consolatori che nel 1971 in una serata di varietà alla tv sbalordì tutti eseguendo il brano *Angela*: "Angela – non disperare [...] / Non si può per un'idea / per un'idea soltanto / recidere un fiore".

Inutile raccontarvi le reazioni del pubblico conservatore,

che inviò addirittura lettere con pesanti minacce all'audace quartetto; per non parlare della Rai, l'azienda tv che li ospitava, che fece di tutto per boicottarli. Angela Davis era un argomento scottante: una donna nera femminista, che si definiva comunista militante ed era affiliata al partito delle Pantere Nere, era considerata senza mezzi termini il diavolo in persona. Ma a parte Francesco De Gregori, all'epoca tutti i giovani del pianeta erano orgogliosi di avere appeso nella loro cameretta il poster di questa ragazza con il viso incoronato dalla famosa capigliatura afro: una fotografia che si trasformò in un'icona internazionale, seconda solo a quella onnipresente di Che Guevara. Ma Davis, come scriverà in seguito nella sua autobiografia, farà di tutto per allontanarsi dalla mitologia che l'aveva consacrata come la santa dei rivoluzionari, spiegando che quello che le era successo poteva avvenire a qualunque altro esponente della sua razza perché "le forze che hanno fatto della mia vita ciò che è, sono le stesse forze che hanno formato e deformato la vita di milioni di uomini e donne del mio popolo [...] un minimo scarto della storia, e un'altra sorella o fratello poteva diventare il prigioniero politico che milioni di persone di tutto il mondo hanno salvato dalla persecuzione e dalla morte". Ciò che le interessa è combattere il sistema razzista del suo Paese che ha vissuto sulla pelle sin da quando è nata nel 1944 in Alabama, nel quartiere di Birmingham, soprannominato Dynamite Hill a causa dei continui attentati del Ku Klux Klan. È proprio nella chiesa principale della sua città, frequentata specialmente dalla comunità nera, che avverrà un terribile fatto di sangue: una bomba viene fatta esplodere prima della funzione, provocando la morte di quattro giovani ragazze e molti feriti. Angela è così colpita dalla tragedia che si unisce al movimento dei diritti civili in cui inizia le sue battaglie che la porteranno pochi anni dopo a iscriversi al Partito comunista e ad avvicinarsi alle Black Panthers. Insieme alla militanza, Davis porta avanti i suoi studi, è allieva in Europa di Adorno e in America di Herbert Marcuse e, dopo essersi laureata con il massimo dei voti, inizia a insegnare Filosofia come assistente all'Università di Los Angeles. A causa del suo coinvolgimento nel Partito comunista le viene revocato l'incarico, ma Angela riesce a dimostrare in tribunale che il licenziamento per opinioni politiche è incostituzionale: vince la causa e sono costretti a riammetterla. Tuttavia solo pochi anni dopo sarà costretta a difendersi di nuovo davanti a una corte: e questa volta il pubblico ministero ha chiesto non una, bensì tre condanne a morte per la giovane ventiseienne, con l'accusa di cospirazione, rapimento e omicidio, perché una delle armi usate nell'assalto all'aula giudiziaria per liberare il detenuto nero George Jackson era intestata ad Angela.

Lei pretende di difendersi da sola: «Nessuno può parlare meglio di me delle mie convinzioni e delle mie attività politiche. Una giustizia che condanna virtualmente al silenzio la persona che ha più da perdere, sembra già contenere in sé i germi della propria distruzione».

Alla fine di questa lunga vicenda legale che ebbe una profonda eco in tutto il mondo, Davis risulterà completamente innocente e verrà assolta con formula piena.

Le sue arringhe in tribunale e gli scritti dal carcere dove è stata rinchiusa per sedici mesi sono passati alla storia perché non parlano solo del suo caso personale, ma di come la giustizia americana discriminasse i neri in un Paese dove erano soggetti a continue umiliazioni e a una sistematica violazione dei diritti.

"Ciò che si mette sotto accusa sono le mie convinzioni e i miei interventi politici, la mia lotta quotidiana per combattere tutto ciò che concorre a paralizzare economicamente e politicamente l'America nera."

Angela ha colpito l'immaginario di tante persone nel mondo grazie alla fierezza e all'orgoglio con cui ha sempre combattuto a viso aperto per le sue idee: è la prima volta nella storia americana che una donna nera alza la voce e affronta le istituzioni con tale veemenza e autorevolezza. Naturalmente non può che attirare le critiche dei suoi nemici ma, come spesso accade, anche di quelli che dovrebbero essere i suoi compagni di lotta. Non a caso i primi a contestarla furono proprio i maschi del movimento: gli attivisti neri la accusarono di volersi impadronire dell'organizzazione svolgendo "un lavoro da uomo" (!). Si tratta dell'antica mentalità machista che da sempre ha giudicato l'affermazione sociale delle donne come una minaccia alla virilità degli uomini, e anche nel movimento delle Black Panthers i più ferventi rivoluzionari non hanno permesso alle loro compagne di trasgredire le vetuste regole di un patriarcato che ancora ai giorni nostri attraversa ogni cultura e religione. E Davis, infatti, con il senso critico che l'ha sempre contraddistinta, si allontana presto dal movimento, combattendo la deriva maschilista e islamica impressa da Louis Farrakhan, nuovo leader della Nation of Islam.

Oggi Angela è una splendida settantenne che continua a difendere gli ideali per cui si è sempre battuta, in particolare la questione femminile, al centro di molti suoi studi e di un ultimo originale saggio, *Blues Legacies and Black Feminism*: un viaggio musicale e intellettuale attraverso le vite di Bessie Smith, Billie Holiday e Gertrude "Ma" Rainey, prime blueswomen a registrare le proprie canzoni, protagoniste di vite fuori dagli schemi e per Davis vere pioniere dell'emancipazione – due volte valorose, perché hanno combattuto contro i pregiudizi dei bianchi ma anche contro quelli dei loro compagni neri. A chi le chiede oggi se si ritenga più una femminista o un'attivista, lei risponde serenamente rifiutando ogni volta le etichette che per tutta la vita hanno cercato di ingabbiarla in vari stereotipi. «Nel 1981 mi hanno detto che ero una femminista, io ho risposto: "Sono una rivoluzionaria donna nera", ma questo è un periodo in cui le donne si stanno rivoltando e donna non significa più quello che significava una volta. C'è un femminismo di base antirazzista che include donne transgender, per esempio, e questo è il bello dei movimenti giovanili che mi fanno sperare nel futuro, nonostante tutto.»

E noi, nonostante tutto, speriamo insieme a lei che non ha mai perso la grinta della combattente, anche se gli avvenimenti storici del suo Paese non sempre fanno sperare in un futuro migliore. Ma Angela, con il suo sorriso disarmante, non smette di essere una grande fonte di ispirazione per le nuove generazioni di donne. In tante vanno ad ascoltare le conferenze che tiene in tutto il mondo: l'hanno applaudita a Washington nel gennaio del 2017 alla Women's March contro Donald Trump, e ultimamente anche in Italia al Festival di Internazionale, dove come sempre Davis ha caricato di entusiasmo anche i più scettici con la sua instancabile energia positiva. «Non sappiamo mai davvero quale potrebbe essere il risultato delle nostre battaglie. Non abbiamo una sfera di cristallo che ci consenta di vedere il futuro, non abbiamo garanzie, ma questo non significa che non si debba lottare.»

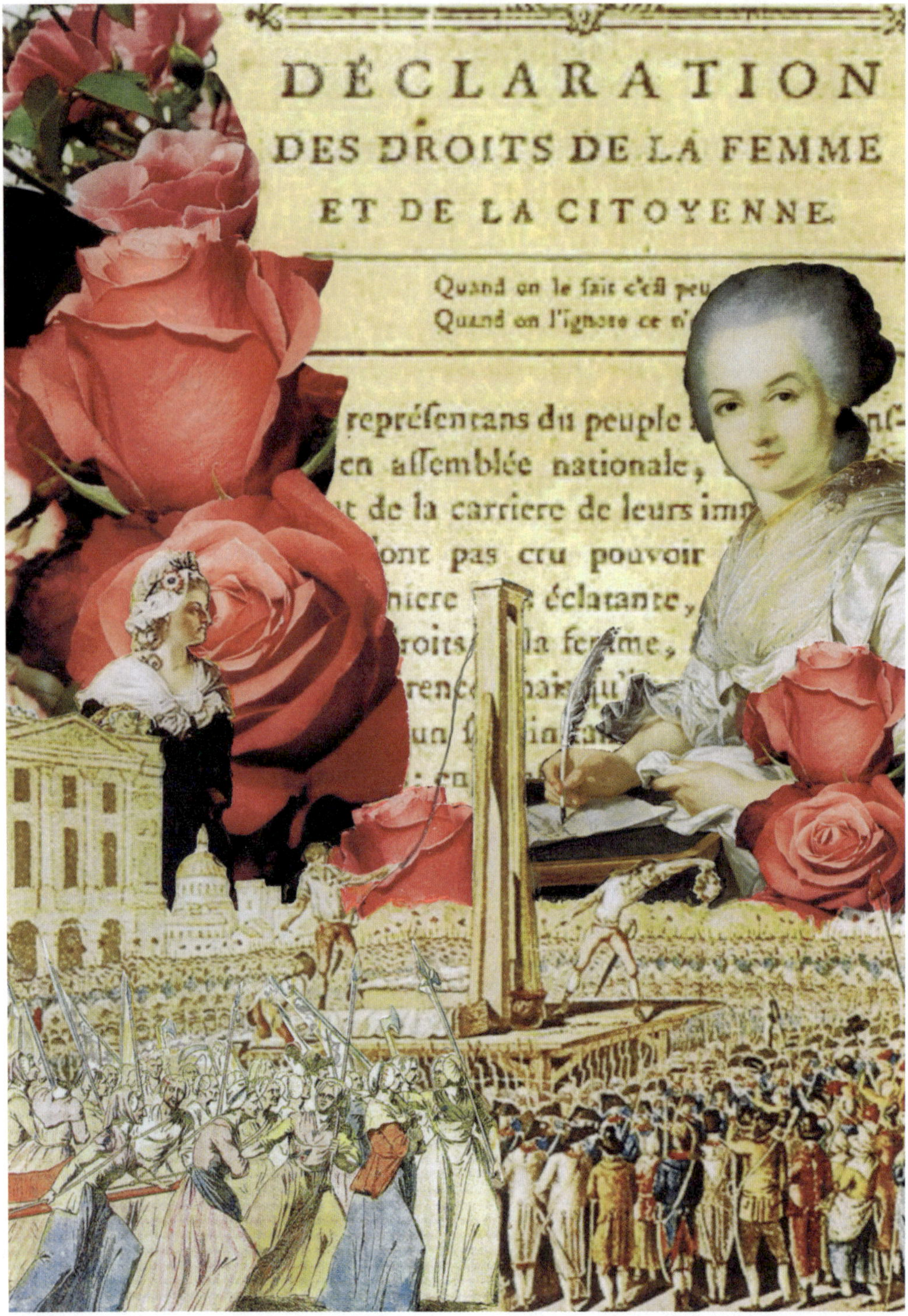
DÉCLARATION
DES DROITS DE LA FEMME
ET DE LA CITOYENNE
représentans du peuple
en assemblée nationale,
de la carriere de leurs
pas cru pouvoir
éclatante,

OLYMPE DE GOUGES (Marie Gouze)

Rosa Olympe de Gouges, ibrido di wichurana creato da Jean-Pierre Vibert nel 2001. Si tratta di una rosa rampicante occasionalmente rifiorente che può arrivare a circa 4 m di altezza. I fiori sono di colore rosa scuro, doppi o semidoppi, e fioriscono in piccoli gruppi. Le foglie sono lucide e di colore verde scuro.

Le nostre vaghe reminiscenze scolastiche riguardo alla Rivoluzione francese comprendono sicuramente la data della presa della Bastiglia – 14 luglio, Parigi 1789 –, insieme alla fatidica frase attribuita a Maria Antonietta, quella dei croissant da distribuire al popolo affamato che chiedeva il pane. Molto più in là non andiamo, anche se ci sarebbe un'altra celebre affermazione che andrebbe inserita d'ufficio in tutti i testi scolastici: "Se la donna ha diritto di salire sul patibolo, deve avere ugualmente il diritto di salire sulla tribuna". A pronunciarla è una giovane donna, Olympe de Gouges, una fervente rivoluzionaria che aveva constatato come tra tutte le rivendicazioni sbandierate dai suoi compagni mancassero i diritti più fondamentali per le donne. Una dimenticanza non casuale, che spesso è avvenuta anche nelle rivoluzioni più "democratiche".

Olympe nasce in realtà come Marie Gouze, da una relazione clandestina della madre con un nobile della provincia francese, praticamente "*une bastarde*" senza risorse che, a soli diciassette anni, è costretta ad acconsentire a un matrimonio con un uomo più grande di lei, che naturalmente non ama. "Fui sacrificata senza alcuna ragione che potesse bilanciare la ripugnanza che avevo per quest'uomo", ma quella fu l'ultima volta che Marie accettò di essere sottomessa. Alla morte del marito la giovane vedova, appena diciottenne, decise che non si sarebbe mai più sposata dichiarando convinta che "il matrimonio è la tomba della fiducia e dell'amore", e fu fedele a questa promessa, teorizzando in seguito nei suoi scritti l'opportunità di prefigurare un contratto sociale tra un uomo e una donna piuttosto che un matrimonio, avanti più di duecento anni su ogni odierna legge sulle coppie di fatto. E così, dopo aver cancellato il cognome del marito, sceglie di chiamarsi Olympe de Gouges: con questo nuovo nome, un figlio piccolo e nessuna prospettiva concreta si trasferisce coraggiosamente nella capitale, intraprendendo una vita spesso irta di ostacoli ma libera, che la spinge a frequentare i salotti e i circoli letterari della Parigi pre-rivoluzionaria, partecipando a quel fermento che di lì a poco avrebbe portato ai grandi cambiamenti epocali che tutti conosciamo.

Olympe era totalmente autodidatta ma la scrittura è diventata presto la sua principale passione, tanto che nella sua breve esistenza è riuscita a produrre e lasciare ai posteri una quantità impressionante di romanzi, articoli, proclami rivoluzionari e soprattutto pièce teatrali. Fondò anche una sua compagnia di teatro itinerante e riuscì a essere accettata per qualche rappresentazione persino dalla Comédie-Française, che non apriva facilmente le porte alle commediografe. Le sue opere parlavano sempre di diritti e libertà negate, in particolare con *L'Esclavage des Noirs* Olympe si batte contro la condizione di schiavitù dei neri nelle colonie; questo lavoro, come molte delle sue rappresentazioni, non ebbe vita facile, venne osteggiato dalla censura ma anche dal pubblico più conservatore.

Nonostante fosse un'accesa rivoluzionaria, Olympe nell'anima era una vera pacifista e in tempi così cruenti si schierava contro ogni violenza, persino contro il giustizialismo tanto in voga della ghigliottina che ormai veniva considerata il rimedio a tutti i mali. Ma il tema che le stava più a cuore era sicuramente la lotta per l'emancipazione femminile, che celebrò con la sua opera più importante, *La dichiarazione dei diritti della donna e della cittadina* del 1791: una pietra miliare per la storia delle donne. Ispirandosi alla *Dichiarazione dei diritti dell'uomo e del cittadino* presentata appena due anni prima, Olympe compilò la sua inedita versione in cui metteva nero su bianco tutte le rivendicazioni necessarie per una reale democrazia che, secondo lei, si poteva ottenere solo con la totale uguaglianza tra cittadine e cittadini.

L'elenco delle sue riforme è di una modernità straordinaria e comprende il diritto all'istruzione per le ragazze, ospedali gratis per permettere una maternità dignitosa anche alle donne povere, il riconoscimento dei figli illegittimi, la tassazione dei beni di lusso per aiutare le famiglie più indigenti, e naturalmente il suffragio universale. Nonostante tutti i proclami del nuovo governo, infatti, la condizione delle donne che avevano comunque partecipato con coraggio alla rivoluzione era – se possibile – ancora più umiliante di prima. Il genere femminile continuava a vivere ai margini della società, umiliato da matrimoni forzati e aborti clandestini, privato della possibilità di decidere della propria vita e di possedere patrimoni, ma soprattutto senza la possibilità di votare: il diritto principale per partecipare alla cosa pubblica.

Se pensiamo che il diritto di voto per le donne in Francia arriverà solo dopo quasi 150 anni, possiamo capire come queste riforme fossero allora incredibilmente avanti e realmente rivoluzionarie.

Olympe de Gouges presentò la sua dichiarazione all'Assemblea costituente in 17 articoli programmatici, nella speranza che fosse accettata dal nuovo governo, e la sua introduzione filosofica passa alla storia come un manifesto femminista ante litteram: "Uomo, sei capace di essere giusto? È una donna che ti pone questa domanda; non le toglierai almeno questo diritto. Dimmi: chi ti ha concesso la suprema autorità di opprimere il mio sesso? La tua forza? I tuoi talenti? Osserva il creatore nella sua saggezza; percorri la natura in tutta la sua grandezza, alla quale sembra tu voglia avvicinarti, e dammi, se hai il coraggio, l'esempio di questo tirannico potere".

A rileggerla oggi colpiscono la lucidità e la *vis* politica di questa donna che aveva già perfettamente intuito, alla fine del Settecento, tutte le conquiste necessarie per arrivare a una vera emancipazione femminile. Inutile dire che l'Assemblea rifiutò in blocco il veemente appello della cittadina ribelle, che continuò a pubblicare pamphlet infuocati e fece persino affiggere sui muri di Parigi un manifesto contro Robespierre e la sua sanguinaria politica del terrore. Questo ultimo gesto fu considerato così provocatorio che i rivoluzionari al governo ordinarono immediatamente il suo arresto e Olympe, dopo un processo lampo in cui le furono negati gli avvocati, fu condannata senza sconti alla ghigliottina: la lama era l'unico strumento di parità che fino a quel momento le donne avevano conquistato con la rivoluzione.

Il 3 novembre del 1793 Olympe finì sul patibolo proprio come la sua famosa frase aveva profetizzato, senza però poter accedere alla cosa pubblica. Il necrologio stilato dal prefetto di Parigi su "Le Moniteur Universel", l'organo ufficiale del governo, sembra una beffa, ma in realtà è la perfetta fotografia della misoginia dei tempi: "Olympe de Gouges, nata con un'immaginazione esaltata, ha scambiato il suo delirio per un'ispirazione della natura: ella ha voluto essere Uomo di Stato, e la legge ha punito questa cospiratrice per aver dimenticato le virtù che convengono al suo sesso".

L'ostracismo contro Olympe e le sue idee non si fermò con la sua morte, ma continuò nelle penne degli storici e degli intellettuali che la dipinsero nel tempo come una folle fuori di testa, un'esaltata – appunto – che era andata contro la propria natura di donna sfidando le Colonne d'Ercole del potere maschile. Cent'anni dopo Olympe compare ancora nel trattato di un famoso dottore che le diagnostica post mortem una malattia mentale definita come una forma di "isteria rivoluzionaria", una sindrome di "paranoia riformatrice" comune a molte "signore" che avevano il vizio di andare controcorrente, e in mancanza di redenzione venivano spesso ricoverate nel famoso ospedale psichiatrico della Salpêtrière.

A riabilitarla interviene nel 1981 la biografia scritta da Olivier Blanc, che finalmente ristabilisce la verità storica e, grazie a un'attenta e dettagliata documentazione, ha permesso di ricostruire la vita e le opere di questa donna straordinaria. Ma essere infine considerata valorosa non basta per entrare nel Panthéon dei grandi padri della patria. La ex candidata alla presidenza Ségolène Royal e la sindaca di Parigi Anne Hildalgo, spinte da un agguerrito movimento d'opinione, hanno provato più volte a far varcare alle ceneri di Olympe l'aulico tempio francese, ma senza risultato. A oggi, su circa ottanta personalità che riposano sotto la cupola, solo cinque donne hanno conquistato questo ambito onore. E una di loro, Sophie Niaudet Berthelot, unicamente per non lasciar solo il marito!

In compenso alla nostra eroina è stata dedicata una splendida piazzetta tempestata di bistrot nel terzo arrondissement della capitale francese: molti ammiratori di Olympe affermano che è sicuramente più piacevole sorseggiare un bicchiere di vino alla sua gloria che celebrarla in un mausoleo, ma non è detta l'ultima parola...

GRAZIA DELEDDA
1926 ÅRS LITTERÄRA NOBELPRIS
MED DJUP OCH VÄRME BEHANDLAT

GRAZIA DELEDDA

Rosa Belle de Sardaigne, creata nel 1996 dal francese Dominique Massad. È una magnifica piccola rampicante con fiori a pompon di colore rosa confetto sfumati di bianco e riuniti in mazzetti, mentre le foglie sono di un elegante grigio-verde. La sua particolare resistenza al calore la rende perfetta per il clima mediterraneo.

«Ho visto l'alba e il tramonto, il sorgere della luna nell'immensa solitudine delle montagne, ho ascoltato i canti, le musiche tradizionali e le fiabe e i discorsi del popolo. E così si è formata la mia arte, come una canzone, o un motivo che sgorga spontaneo dalle labbra di un poeta primitivo.» Queste parole, che la ritraggono perfettamente, sono tratte dal discorso di accettazione del premio Nobel per la Letteratura di Grazia Deledda, a tutt'oggi l'unica scrittrice italiana ad aver conquistato l'ambito riconoscimento, ma il suo valore va ben al di là di questo evento straordinario.

Grazia Maria Cosima Damiana Deledda, chiamata Grazietta dai suoi famigliari, nasce a Nuoro il 27 settembre 1871 in una casa trasformata oggi in un museo a lei dedicato; dalla finestra della sua cameretta all'ultimo piano si vede l'Orthobene, la montagna di cui spesso parla nei suoi libri e che cita anche nel discorso di Stoccolma: per Grazia un luogo prediletto e il rifugio segreto della sua solitudine creativa. L'Orthobene non è una semplice montagna, è soprattutto un luogo incantato, l'anima stessa della Barbagia, quella terra aspra e selvaggia a cui la scrittrice deve tutto: la forza, l'ispirazione e la poesia che hanno animato la sua opera. Grazia Deledda ama e conosce profondamente il suo territorio perché lo ha setacciato in lungo e in largo spingendosi fin nelle campagne più lontane per riscoprire leggende e antiche storie che saranno la linfa vitale dei suoi numerosi racconti.

Sin da giovanissima la scrittrice intuisce che le radici sarde sono la sua grande ricchezza, ma sa anche che se vuole avverare il sogno di gloria in cui crede fermamente sarà costretta ad allontanarsi dalla sua terra, altrimenti una tradizione implacabile che vuole le donne dedite solo alla cura della casa e della famiglia rischierà d'inghiottirla. Proprio come Nina, l'eroina del suo romanzo *Il paese del vento*, Grazia ha un carattere forte e tenace ma anche la consapevolezza che il mondo in cui è nata congiura contro di lei: "[...] nata in un paese dove la donna era considerata ancora con criteri orientali, e quindi segregata in casa con l'unica missione di lavorare e procreare". Ma lei non ha nessuna intenzione di arrendersi alle regole imposte al suo sesso e anche se, com'era d'obbligo per le ragazze, ha interrotto gli studi alla quarta elementare, chiede di ripeterla per restare ancora un po' in quella dimensione scolastica che ama tanto, e poi continua a casa da autodidatta a divorare tutti i volumi che trova nella biblioteca paterna; soprattutto impara parola per parola l'italiano, la lingua nazionale che nessuno parla né in paese né a casa. La sua emancipazione passa attraverso la letteratura, e produrrà grande letteratura.

Da subito è cosciente del suo talento, e quasi spinta da una furia ribelle si abbandona alla scrittura come a un'ancora di salvezza, china sul suo piccolo scrittoio passa le ore in questa impresa scandalosa per una ragazza, come racconta lei stessa in *Cosima, quasi Grazia*, un'autobiografia uscita postuma: "[...] quella ragazzina di 14 anni, che ne dimostrava meno e sembrava selvaggia e timida come una cerbiatta bambina, era invece una specie ribelle a tutte le abitudini, le tradizioni, gli usi della famiglia e anzi della razza, poiché s'era messa a scrivere versi e novelle, e tutti cominciarono a guardarla con una certa stupita diffidenza, se non pure a sbeffeggiarla e prevedere per lei un quasi losco avvenire". Addirittura nella chiesa principale di Nuoro è additata pubblicamente dal prete durante il sermone della domenica per la sua diabolica attività, ma lei non demorde e seguita ad affinare la sua arte difendendosi dagli ostacoli e dalle critiche con una fermezza e una determinazione impressionanti per una ragazza di fine Ottocento. Nel 1886, a soli quindici anni, riesce a pubblicare su un giornale nuorese la sua prima novella, e due anni dopo spedisce alla rivista romana "L'Ultima Moda", della quale è un'assidua lettrice, un suo breve racconto intitolato *Sangue sardo*: il direttore Epaminonda Provaglio, che lavorando a un giornale femminile si firma con lo pseudonimo di Contessa Elda di Montedoro, lo apprezza talmente che non solo lo pubblica, ma chiede subito alla giovane scrittrice altri lavori. Grazia, come un fiume in piena, inonda la redazione di decine di fogli riempiti dalla sua penna instancabile con una grafia minuta e ordinata: "Sono piccina piccina, sa, sono piccola anche in confronto delle donne sarde che sono piccolissime, ma sono ardita e coraggiosa come un gigante e non temo le battaglie intellettuali". Di battaglie ne dovrà affrontare tante, ma la più dolorosa è certamente la guerra che le dichiarano i suoi conterranei, indignati dopo l'uscita nel 1891 del suo primo romanzo *Fior di Sardegna*, una storia d'amore che nasce nell'ambiente di una famiglia signorile sarda.

«Per poco non venni lapidata» dichiarò candidamente anni dopo con il suo spirito pacato, che i più velenosi scambiavano per falsa modestia. Ma come si permetteva quella giovane donna di buttare in piazza i fatti privati della sua gente? Non le perdonano quel verismo, seppur delicato e romantico, con cui la scrittrice racconta usi e costumi della sua terra, rendendola magica ed eterna come solo i grandi scrittori sanno fare. Nonostante l'ostracismo Grazia continua per la sua strada, perché l'urgenza che la spinge è più profonda di qualsiasi malevolenza e la consapevolezza dei suoi obiettivi è di una lucidità stupefacente: "Avrò tra poco vent'anni, a trenta voglio avere raggiunto il mio sogno radioso quale è quello di creare da me sola una letteratura completamente ed esclusivamente sarda".

Ma Deledda non scrive solo novelle e racconti, sommerge di lettere le redazioni dei giornali, apre una fitta corrispondenza con i direttori che cominciano a pubblicarla, vuole essere ascoltata, combatte per conquistarsi quell'autorevolezza che per un uomo sarebbe normale amministrazione; intuisce per istinto che l'unico modo per affrancarsi dalla sua vita di emarginazione è farsi conoscere: "Guardo verso orizzonti più lontani e vivo con la fantasia in paesi ben diversi da quelli che mi circondano... Ho la speranza di venire un giorno a Roma, se il fato non mi condannerà a restare quaggiù, come Prometeo incatenato suo malgrado alla rupe...".

Il fitto epistolario della scrittrice comprende anche appassionate lettere d'amore che dedica a una serie di innamorati, o presunti tali, che Grazia vede anche come possibili "salvatori" dalla sua condizione di reclusa nell'isola incantata che la tiene prigioniera. Per spiccare il volo e liberare completamente il suo ingegno sente la necessità di vivere una vita libera a contatto con quel mondo letterario e intellettuale a cui sa di appartenere da sempre. Tuttavia s'imbatte in innamorati titubanti, se non addirittura aridi e senza cuore come Stanis, il gigante biondo, un giovanotto che appartiene a una famiglia di antica nobiltà isolana ma si è già trasferito a Roma dove è diventato un giornalista e un critico letterario affermato: praticamente l'uomo ideale per Grazia, o almeno per quella personalità romantica e focosa che la scrittrice nasconde dietro la sua compostezza seriosa. Stanislao Manca dei duchi dell'Asinara sarà una delusione cocente per Deledda, che si era illusa di averlo conquistato con la sua prosa arguta e romantica, ma dopo un fitto carteggio è costretta amaramente a ricredersi. Al primo incontro il giovane si rivela freddo e maleducato, addirittura la definisce "quasi una nana" in una lettera che offende profondamente Grazietta, che pure timidamente aveva messo le mani avanti scrivendogli prima di incontrarlo: "L'avverto che sono un tantino brutta e niente affatto interessante... ahimè: e che di grazia, per una strana e amara ironia, non possego che il nome e mi conforto ricordandomi d'aver letto che tutte le grandi scrittrici, dalla sua prediletta George Sand... furono brutte". Eppure Grazia, come scopriamo dalle foto dei suoi vent'anni, non è per niente brutta come si dipinge, è piccola ma il suo volto è fiero, aspro e austero come la sua terra, sicuramente lontano dall'ideale sospiroso delle eroine dei romanzi popolari, però carico di una sorprendente personalità che rivela un carattere fuori dal comune. Ad accorgersene nel 1899 è Palmiro Madesani, impiegato dell'Intendenza di finanza originario del mantovano, che la scrittrice incontra per caso nel salotto di un'amica a Cagliari. E mentre il suo cuore batte ancora per Stanis improvvisamente scoppia il colpo di fulmine per Palmiro, che la porterà alle nozze in meno di due mesi. Che sia vero amore o un desiderio di scacciare le precedenti disavventure non è dato saperlo e poco ci interessa, fatto sta che questa unione inattesa produrrà due figli e un matrimonio solido che durerà fino alla morte della scrittrice, regalandole finalmente la tranquillità emotiva necessaria al compimento dei suoi sogni. Poco dopo le nozze il marito viene trasferito a Roma e anche l'ultimo tassello della vita di Grazia va a posto, completando il quadro che lei aveva così caparbiamente desiderato. Palmiro non è solo un buon padre di famiglia, ma anche un complice premuroso che saprà dedicarsi alla carriera della moglie come un vero agente letterario, prendendosi cura dei contratti e di tutte le incombenze materiali, permettendo così a Grazietta di dedicarsi anima e corpo alla scrittura. Nella sua nuova vita nella capitale Deledda conosce e frequenta scrittori, critici e editori; esce poco, va a teatro ma si vede raramente nei salotti mondani, a cui preferisce le lunghe chiacchierate con le due sorelle più piccole che l'hanno raggiunta a Roma per starle vicino. La scrittrice ama la sua vita riservata e regolare che si divide tra il lavoro e la cura dei figli: un comportamento che le hanno spesso rimproverato dipingendola come una piccola borghese di scarse vedute, o peggio: "una massaia primitiva che scrive per un sorprendente talento naturale". E anche Palmiro diventa un bersaglio dei critici più sprezzanti, che lo considerano solo il tirapiedi della famosa scrittrice: un marito così devoto non può che suscitare quella malizia sessista che culmina addirittura in un irridente libro di Luigi Pirandello, *Suo marito*, che è una chiara parodia della celebre coppia, forse dettata dall'invidia di una tale complicità coniugale di cui il drammaturgo non aveva mai goduto. Grazia è ferita ma non se ne cura più di tanto, sin da piccola è abituata alle critiche, nonostante il successo che la incorona c'è sempre chi la snobba considerandola una scrittrice provinciale da porre in secondo piano rispetto ai grandi narratori dell'epoca; pregiudizi che continueranno anche dopo la sua morte, e che per lunghi periodi condanneranno all'oblio la sua figura letteraria.

In compenso il suo pubblico di lettori appassionati è sempre più numeroso e la riempie di soddisfazioni, scrivendole ogni giorno decine di lettere piene di affetto e devozione. Nella nuova vita romana il suo ritmo creativo diventa instancabile; in poco meno di dieci anni pubblica i suoi libri più importanti: da *Cenere*, da cui verrà tratto un film interpretato da Eleonora Duse, a *Canne al vento*, da *Marianna Sirca* a *La madre*, senza contare la lunga serie di racconti pubblicati su varie riviste. In totale la sua produzione ammonta a più di trenta romanzi, circa trecento racconti, due drammi teatrali e un libretto d'opera: una valanga di scrittura tradotta con successo in tutte le lingue.

Roma è ormai diventata la sua città, e Cervia il mare delle vacanze estive dove intreccia nuove amicizie, mentre in Sardegna non torna più; ma l'isola le resta nell'anima e naturalmente nella penna, come sottolinea anche la motivazione del premio Nobel assegnatole nel 1926: "Per la sua potenza di scrittrice, sostenuta da un alto ideale, che ritrae in forme plastiche la vita quale è nella sua appartata isola natale".

Si narra che una mattina l'ambasciatore svedese a Roma si sia presentato alla porta della sua abitazione: Grazia è in cucina e va ad aprire con le mani ancora sporche di farina, il grembiule legato alla vita e i capelli bianchi avvolti alla bell'e meglio in uno chignon. Il messaggero del premio Nobel guardandola chiede gentilmente se la signora è in casa; lei risponde asciutta che è appena uscita e chiude la porta.

Forse questo aneddoto casalingo, che i figli raccontavano divertiti, ci descrive più di tante parole il carattere della scrittrice: una donna piccola di statura quasi come la nonna, che lei da bambina credeva fosse una fata; Grazietta piccina d'aspetto ma che, con la forza di una gigantessa, è riuscita ad aprire la strada per tutte le ragazze che dopo di lei hanno deciso di coltivare sogni pericolosamente ambiziosi.

CONSUELO DE SAINT-EXUPÉRY

Rosa Saint-Exupéry. Creata nel 2003 dall'azienda francese Delbard, è un ibrido di tea rifiorente di medie dimensioni dai grandi fiori di colore rosa indiano. Le corolle, doppie e piene, sono di una forma a coppa che ricorda quella delle rose inglesi. Il profumo, moderato, si può definire classico. Questa varietà di rose può essere utilizzata anche per la realizzazione di bouquet.

"Non si vede bene che col cuore. L'essenziale è invisibile agli occhi." Così ci insegna *Il Piccolo Principe*, il libro più letto e venduto al mondo, quasi centocinquanta milioni di copie da quando è uscito nel 1943. A scriverlo – quasi per gioco – è il giornalista, scrittore, visconte, ma soprattutto temerario aviatore Antoine de Saint-Exupéry durante il suo soggiorno americano, dopo che ha dovuto lasciare la sua adorata Francia invasa dai tedeschi di Hitler.

E Antoine sa bene che le cose essenziali della vita sono spesso trascurate dagli esseri umani e possono diventare invisibili agli occhi, lo sa perché ha rischiato più volte di perdere il suo amore a causa del suo carattere intemperante, irrequieto, tendente alla depressione e a violenti accessi di gelosia. Il suo amore si chiama Consuelo Suncín-Sandoval: è minuta, ha un fisico da ballerina ma gli occhi scuri e infuocati come la lava dei vulcani della sua isola El Salvador, gli stessi vulcani che dominano l'asteroide B-612 da dove è partito il Piccolo Principe per la sua esplorazione intergalattica. Antoine non ha mai visitato la terra di Consuelo ma la conosce comunque a memoria, perché lei gliel'ha descritta nei minimi particolari, raccontando la maestosità delle montagne, le meraviglie della vegetazione tropicale, le intricate foreste di baobab, le splendide rose.

Consuelo viene chiamata dagli amici la "Sherazade dei Tropici": è una grande storyteller, ascoltarla è un piacere perché con la sua voce suadente e vellutata incanta gli spettatori e fa rivivere con le parole la magia di mondi sconosciuti. Consuelo è la rosa del *Piccolo Principe*, le sue quattro spine sono appuntite e hanno cercato di proteggerla a lungo dall'impetuosità di Antoine, innamorato capriccioso che ha sempre rischiato di perdere tutto per la smania di legarla a sé, come un bambino che non vuole farsi negare un giocattolo.

Ma Consuelo non è una bambola, è una ragazza sveglia che ha deciso di lasciare l'isola fatata della sua infanzia per scoprire il mondo, emanciparsi, studiare e soprattutto sperimentare la libertà; l'incontro tra i due non era assolutamente previsto ed è piuttosto uno scontro, una collisione tra pianeti lontani che impattano per caso a una folle velocità. Ci sono dei movimenti stellari che non sono governabili, e le conseguenze possono portare a quello che gli amici surrealisti di Consuelo chiamano *amour fou*: più che una passione, una vera malattia dalla quale è quasi impossibile guarire.

Quando Consuelo incontra Antoine per la prima volta ha solo ventinove anni, ma ha già vissuto un divorzio e una vedovanza. Il primo matrimonio in Messico è quasi una ragazzata, ma l'unione con lo scrittore Enrique Gómez Carrillo è stata una storia importante. Consuelo era arrivata a Parigi negli anni Venti, attratta come tutti dalla vivacità culturale della città che, tra le due guerre, stava vivendo uno dei momenti artistici più luminosi della sua storia. Non ha ancora deciso se vuole dipingere o scrivere, ma s'inabissa nel Tout-Paris intellettuale frequentando i protagonisti dell'avanguardia che presto faranno scuola. È in questo ambiente effervescente che incontra Enrique Gómez Carrillo, originario del Guatemala, un intellettuale viveur, accademico di lingua spagnola, già celebre in Francia per le sue cronache raffinate e i saggi politici e letterari per cui si è conquistato l'alta onorificenza della Legion d'Onore. Enrique ha cinquantatré anni e due matrimoni alle spalle, ma tra i due nasce un amore pieno di complicità e amicizia; lei lo considera come un maestro, un padre: "Era tutto il mio mondo... Non ho mai incontrato un uomo così solare, qualcuno così generoso con me", e lui è convinto di aver trovato finalmente il piccolo faro che illuminerà la fase matura della sua vita. Si sposano nel 1926 a Nizza, dove Carillo possiede una villa con un piccolo giardino pieno di aranci; sperano di veder crescere insieme le rose che hanno piantato, ma Enrique muore all'improvviso.

Consuelo è distrutta dalla perdita, e gli amici le consigliano di viaggiare: l'antica medicina per affrontare il dolore. La giovane vedova accetta l'invito del presidente argentino, grande sponsor di Carillo, che le chiede di omaggiare il marito con una serie di conferenze in suo onore, e il 15 agosto del 1930 s'imbarca sul piroscafo *Massilia* in direzione dell'Argentina. Madame Suncín viaggia insieme ad altri scrittori e accademici francesi, amici cari che l'accompagnano in questa missione culturale che per lei è soprattutto un ritorno alle origini nell'amata America del Sud, per tentare di riconquistare la pace interiore.

E invece, per uno scherzo del destino, le prime due cose in cui Consuelo si imbatte quando arriva a Buenos Aires sono una rivoluzione nelle strade e un aviatore che si è guadagnato la fama di eroe sugli aerei postali. Al primo incontro, Consuelo giudica Antoine de Saint-Exupéry antipatico e arrogante, e accetta malvolentieri l'invito del pilota per un'escursione aerea sopra i cieli della città. Trascinata dai suoi amici entusiasti dell'avventura si ritrova in volo con questo uomo un po' scorbutico e insolente, che le chiede subito di baciarla mentre si esibisce in una serie di acrobazie che terrorizzano la compagnia.

Si conoscono appena ma Antoine rimane subito fulminato dal fascino di Consuelo e decide che non può vivere senza di lei, come confessa a un amico: «C'era una tale bellezza selvaggia nei suoi occhi neri, e nelle sue idee soffiava un tale uragano di fantasia, che ne fui stregato». L'aviatore è convinto di aver trovato la donna della vita e soprattutto la sua musa: non a caso le spedisce una lettera amorosa di ottantatré fogli che contiene una domanda di matrimonio e alcune pagine del manoscritto del suo romanzo, *Volo di notte*. Antoine capisce che solo questa donna intelligente e sensibile può dargli la forza e la giusta temperatura esistenziale per portare a termine la sua impresa letteraria: subito le sottopone i suoi lavori, e soprattutto i suoi dubbi e le sue insicurezze.

Consuelo rimane senza fiato davanti a questa corte serrata e implacabile e cerca di resistere, non si sente pronta, sta ancora piangendo un grande amore e ha paura di questo terremoto che scuote la sua vita. Da questo momento in poi la loro storia è un susseguirsi di passi avanti e indietro in un duello amoroso senza esclusione di colpi. Consuelo sa che se soccombe al grande eroe perderà molta dell'indipendenza e della libertà che si è conquistata, ma come resistere alla tentazione di essere felice? Antoine è un gigante che la sovrasta in tutti i sensi – anche fisicamente, visto che pesa quasi cento chili e lei al suo cospetto sembra un uccellino indifeso. Eppure c'è qualcosa di travolgente in questo incontro fatale che Consuelo non riesce ad arginare.

In preda all'incertezza decide di scappare dall'Argentina mentre Antoine è impegnato in uno dei suoi voli postali verso la Patagonia: è l'ultimo tentativo di contrastare un destino ineluttabile. Ma appena salita sulla nave che la riporterà in Francia vede apparire in cielo un aereo che segue la sua rotta a bassa quota. De Saint-Exupéry non vuole perderla e la seguirà fino a che ha carburante lanciando dal velivolo biglietti d'amore: si sposeranno in Francia pochi mesi dopo, il 23 aprile del 1931, con l'assenso poco convinto della madre di Antoine che farà di tutto per nascondere alla piccola nobiltà di provincia cui appartiene questa nuora ribelle e divorziata.

La foto del loro matrimonio è emblematica: l'immagine li ritrae abbracciati ma quasi malinconici. Consuelo per l'occasione indossa un vestito di pizzo macramè nero, un colore singolare per una giovane sposa, mentre lui più che stringerla è aggrappato a lei come a un'ancora di salvezza. È alto quasi due metri, ma nell'alchimia di questa strana coppia non meraviglia che il piccolo sia proprio lui: "Ed è stato così che ci siamo sposati, mio piccolo Tonio, mio piccolo marito. Tu non mi hai lasciato respirare" scrive Consuelo in una lettera che farà parte del suo bellissimo libro *Lettres du dimanche*.

Antoine ora è incaricato come pilota di coprire la tratta Casablanca-Port Étienne: solo al comando del suo aereo riesce a sentirsi vivo e a placare il suo carattere irrequieto. Non può fermarsi troppo a lungo a terra, deve spiccare il volo anche se le condizioni sono difficili e disagiate; meglio ancora di notte, quando può finalmente viaggiare in solitudine tra le stelle come il Piccolo Principe tra i suoi pianeti. Consuelo capisce che inevitabilmente il suo compito sarà anche quello di aspettarlo e imparare a scrutare i cieli come una nuova Penelope in attesa del suo Ulisse. È un tempo sospeso che la consuma e la divora, ma se vuole preservare questo rapporto non ha via d'uscita.

Durante la lontananza i due giovani sposi si scrivono lettere appassionate, forse capiscono che l'essenza della loro storia non è nella presenza ma proprio nella distanza, e la scrittura è la loro complice più fedele. Lui le regala nomignoli e vezzeggiativi, la chiama "*plume d'or*": piccola piuma, o la preziosa penna d'oro dello scrittore che lei ruba mentre lui dorme per scrivere i suoi diari. Quando s'incontrano Antoine le rilegge fino allo sfinimento le bozze del suo romanzo che ormai Consuelo conosce a memoria, ma lei continua fedele a limare ogni aggettivo, a controllare ogni virgola come farà per tutta la carriera letteraria di Saint-Exupéry. *Volo di notte* è pubblicato dalla prestigiosa casa editrice Gallimard con una prefazione di André Gide, ed è subito un grande successo. Ormai Antoine è uno scrittore riverito dalla critica e amato ancor di più dal pubblico. Consuelo è orgogliosa, anche se capisce che nessuno riconoscerà mai il suo contributo: non è sempre questo l'amaro destino delle muse? Inutile rammaricarsi, ha scelto lei questo ruolo e tornando indietro ripercorrerebbe tutte le tappe di questo controverso amore; ogni tanto il suo spirito ribelle recalcitra ancora, specialmente quando capisce che Antoine non le è fedele, in realtà lo ha sempre saputo, suo marito è un gigante vorace affamato di vita e di affetto, ha un continuo bisogno di conferme e lei non gli basta mai, anche se ha dedicato una vita a rassicurarlo. La loro storia si appanna, Consuelo prova a uscire dalla campana di vetro dove Antoine l'ha rinchiusa, come la rosa del *Piccolo Principe*; per reagire alle sue pene e tornare alle antiche passioni si iscrive all'Académie Ranson a Parigi seguendo il consiglio degli amici surrealisti che ricomincia a frequentare assiduamente.

Si fa fotografare da Man Ray con un esotico copricapo africano, è sempre meravigliosa ed elegante qualunque cosa indossi. Ma se lei torna a respirare, Antoine impazzisce di gelosia, e tra un volo e l'altro le scrive messaggi appassionati: "Non posso più vivere senza di te. Io verrò a cercarti. Piuma d'oro, sei la donna più adorabile del mondo. Vieni a casa mia, piuma d'oro, e colmala del tuo meraviglioso disordine. Scrivi su tutti i tavoli, sono tuoi. E sconvolgi il mio cuore. Le tue pene sono le mie".

La situazione economica della coppia si fa sempre più critica, Antoine ha perso il lavoro postale e Consuelo per fronteggiare i creditori è costretta a vendere la sua amata casa degli aranci di Nizza. Per rilanciarsi, Saint-Exupéry decide di battere il record della Parigi-Saigon in aereo, una scommessa folle. Consuelo è spaventata e cerca di fargli cambiare idea, come confessa al suo amico, il pittore André Derain: "È troppo per me, voi sapete che mio marito vola per giorni e notti, e forse per tutta la sua vita...", ma come sempre Antoine fa di testa sua e senza aver preparato a dovere questa nuova avventura spicca il volo da Parigi il 29 dicembre del 1935.

È di nuovo in cielo, nel suo elemento naturale, ma solo dopo pochi giorni si perdono le sue tracce. Il mondo è con il fiato sospeso e Consuelo è impietrita dalla paura; dopo quarantotto ore di assoluto silenzio, quando ormai è dato per disperso, arriva un telegramma dalla Libia: "Antoine è vivo". Ha avuto un incidente nel deserto, ma miracolosamente è stato soccorso da una carovana di beduini che l'ha portato in salvo proprio quando stava per morire di sete.

Il ritorno a Parigi è trionfale, e la coppia festeggia insieme agli amici più cari lo scampato pericolo con una cena memorabile nel celebre ristorante Lipp in boulevard Saint-Germain. Ma le schiarite nel cielo tempestoso di questo rapporto sono sempre più rare: Consuelo si rende indipendente accettando un lavoro come corrispondente per Radio Paris e continua a curare le bozze del nuovo libro di Antoine sull'ultima avventura nel deserto. I soldi vanno e vengono, e anche l'umore della coppia è variabile e spesso turbolento. La guerra e l'invasione dei nazisti fanno precipitare la situazione: Antoine vuole partecipare alla difesa della sua patria e costringe Consuelo ad abbandonare il Paese e ad aspettarlo a New York.

Quando lui la raggiunge, i due vivono uno dei momenti più tranquilli e felici della loro esistenza tumultuosa, nonostante i tradimenti reciproci e gli abbandoni sono di nuovo insieme e Antoine ha capito, forse troppo tardi, che Consuelo è la sua unica rosa, un fiore molto complicato ma: "Vai a guardare di nuovo le rose. Ora capirai che la tua è unica al mondo [...] perché è lei che ho innaffiato [...] perché è lei che ho ascoltato lagnarsi o vantarsi, o anche qualche volta tacere. Perché è la mia rosa". Consuelo ancora una volta sente che deve fare di tutto per mettere Antoine nella condizione migliore per scrivere, e trova una casa vicino al mare a due ore da New York: un rifugio ideale per far nascere questa strana favola che il suo "cavaliere volante" ha in testa da un pezzo. Perché *Il Piccolo Principe* non è solo un libro per ragazzi, ma è adatto a tutti e soprattutto al bambino che è dentro di noi e che secondo Saint-Exupéry non si dovrebbe mai dimenticare, come ricorda nel suo tenero racconto: "Tutti gli adulti una volta sono stati bambini, ma pochi se ne ricordano".

Lo scrittore fa fatica a convincere gli editori che la storia deve finire con la morte del Piccolo Principe. Una favola senza lieto fine? Un vero azzardo. Ma come spiega Saint-Exupéry, i bambini accettano tutto quello che è naturale, sono gli adulti che non sopportano la verità. Quando Antoine finisce anche l'ultimo acquerello per illustrare la sua storia, è già pronto per ripartire: la guerra lo aspetta, e nonostante abbia ormai più di quarant'anni non vuole restare con le mani in mano e riesce a farsi arruolare come inviato di "Life". Il suo posto è ancora una volta nei cieli: Consuelo l'ha sempre saputo e non fa nulla per fermarlo, proprio come la rosa del racconto. "Sono tua moglie e ti aspetterò per l'eternità, nel sonno e nella veglia. Sai perché? Perché ti amo e amo il mondo dei nostri sogni. Amo il mondo del Piccolo Principe. Passeggio là e nessuno mi può toccare, anche se a difendermi ho solo le mie quattro spine, poiché te ne sei accorto, le hai contate e te ne sei ricordato..."

Il Piccolo Principe li unisce intimamente e diventa per loro come il figlio che non hanno mai avuto: un racconto che celerà per sempre malinconie e tenerezze della loro intensa vita di coppia e dove finalmente Antoine riconoscerà il valore della sua rosa preziosa. Ora Saint-Exupéry è di nuovo al fronte insieme alle truppe alleate, e porta con sé in volo la prima bozza della sua favola prediletta. Prima di partire, l'editore gli fa firmare alcuni fogli bianchi con le dediche agli amici più cari: un presentimento?

Antoine non tornerà mai più, e verrà dato per disperso nei cieli del Mediterraneo il 31 luglio del 1944. Consuelo non si arrende, spera ancora in un miracolo e ogni domenica, come d'abitudine, continua a scrivergli una lettera d'amore raccontandogli l'intimità della sua vita in attesa del suo ritorno.

Era stata proprio la distanza a rendere grande la loro storia controversa, e Consuelo non smetterà di amarlo anche se non lo vedrà più. Ma non sono proprio le cose invisibili agli occhi le più care al cuore? "Adesso sono sola, Tonio mio. Non sei ritornato. Ma sei in me, eterno, il mio bambino, mio marito, ti porto in me, come il Piccolo Principe: noi siamo intoccabili."

PHOOLAN DEVI

Rosa Warrior's Headress (Copricapo della Guerriera). Ibrido di tea con fiori grandi e vistosi di un vibrante colore tra il rosso, l'arancio e il rosa scuro. I petali si stringono compatti a vortice attorno al centro del fiore. Ciascuno stelo ospita un singolo bocciolo dalla forma appuntita.

Quella di Phoolan Devi detta la "Bandit Queen" è una delle vite più incredibili che io abbia mai conosciuto. Credo che sia capitato a poche persone di sopportare dolori tanto intensi e subire, ma anche infliggere, violenze così terribili, riuscendo però a ribaltare totalmente e più di una volta il proprio destino prima di morire.

Phoolan vede la luce nel 1963 in uno degli scenari più poveri dell'Uttar Pradesh, nel Nord dell'India. La partenza è quanto di peggio possa capitare a una giovane ragazza indiana: i suoi genitori appartengono alla casta Mallah, il gradino più basso della scala sociale, e appena Phoolan compie undici anni viene data in sposa a un uomo tre volte più vecchio di lei in cambio di una mucca: un animale molto più prezioso di qualsiasi figlia femmina. Le spose bambine sono una piaga ancora oggi molto diffusa, e non solo in India. Ogni sette secondi, nel mondo, una ragazza con meno di quindici anni si sposa, quasi sempre con un uomo molto più grande, e ogni anno dodici milioni di matrimoni hanno per protagonista una minorenne; almeno un terzo di queste unioni riguarda vere e proprie bambine che, oltre a perdere ogni diritto all'infanzia e la possibilità dell'apprendimento scolastico, sono costrette ad affrontare rischiose gravidanze precoci e soprusi domestici.

Come molte altre coetanee sottoposte a questa crudeltà, quello di Phoolan più che un matrimonio è una vera riduzione in schiavitù, perché le piccole spose sono obbligate a compiacere e servire il loro marito-padrone, e ogni disubbidienza è punita con la violenza. Il marito di Phoolan non fa eccezione: è brutale e manesco, e non le risparmia nessuna umiliazione. Ma nonostante gli orrori che è costretta a subire, c'è qualcosa nello spirito di questa ragazzina indiana che l'aiuta a resistere, come lei stessa racconterà anni dopo nella sua biografia: la sua anima non si annienta e continua a combattere per sopravvivere. Phoolan si ribella e tenta più volte la fuga fino a che viene ripudiata dal marito come una bestiolina inutile, impossibile da domare.

Quando ritorna in famiglia la sua condizione, se possibile, è perfino peggiorata: è sola, e senza la protezione di un marito non ha più nessun valore, quindi per convenzione sociale è alla mercé di ogni uomo che incontra. Phoolan ormai è considerata una reietta da tutto il suo villaggio, tanto che il padre è obbligato a pagare un tributo solo per permetterle di bere alla stessa fonte dei suoi vicini.

Confesso che faccio fatica a elencare le violenze e gli abusi che questa giovane donna ha subito, un vero martirio che annienterebbe chiunque, ma Phoolan ogni volta trova dentro di sé una nuova forza per non soccombere. Viene arrestata ingiustamente, e anche in carcere è vittima di percosse, sopraffazioni e ovviamente stupri, che sono la naturale punizione per una donna come lei. Ormai è una *paria*, l'ultimo essere della terra con cui chiunque può divertirsi a esercitare la sua crudeltà. Nessuno può più aiutarla, e spesso la notte Phoolan prega la dea Kali di regalarle la morte, l'unica prospettiva di pace e serenità in quell'inferno che è diventata la sua esistenza. Ma la dea ha evidentemente altri piani per lei: un giorno durante una scorribanda viene rapita e portata via da un gruppo di fuorilegge capitanato da Vikram Mallah, un bandito che appartiene alla stessa misera casta di Phoolan, famoso per le sue incursioni nelle tenute dei ricchi proprietari terrieri in difesa dei contadini. La ragazza è convinta che sia arrivata la sua ora e che Kali abbia finalmente esaudito il suo desiderio, ma Vikram, al contrario degli altri uomini che ha incontrato fino a quel momento, non solo non le manca di rispetto, ma la tratta addirittura come un essere umano.

Phoolan è folgorata da questo incontro che le dà la forza di riprendere in mano la propria vita e, oltre a diventare la compagna di Vikram, decide anche di condividere il suo destino di fuorilegge entrando a far parte della banda – ovviamente, è l'unica donna. In poco tempo impara l'uso delle armi e si trasforma in una guerrigliera esperta vivendo in clandestinità con i ribelli: è nata la "Bandit Queen". Phoolan e Vikram saccheggiano le proprietà dei ricchi appartenenti alle caste più alte e dividono il bottino tra i poveri delle campagne. La fama di questa coppia di "Robin Hood" si allarga sempre di più, alimentando il loro mito e seminando il terrore nei villaggi. Phoolan dopo ogni azione si reca a rendere omaggio al tempio di Durga, la personificazione combattente e vendicativa della dea Kali, la divinità che la ispira e da cui si sente protetta sin da piccola.

Ma la nuova regina dei banditi non sa che il destino le riserva altri dolori e prove estenuanti. Dopo pochi mesi, durante un agguato notturno, Vikram viene ucciso dai sicari della ricca casta dei Thakur, che rapiscono Phoolan e la conducono come trofeo ai loro padroni. Per ventidue giorni la "Bandit Queen" è prigioniera nel villaggio di Behmai alla mercé di ogni sopruso e violenza, e naturalmente lo stupro di gruppo è come sempre la punizione esemplare per questa giovane donna indomita. Se non fosse una storia vera, stenteremmo a credere che una ragazza poco meno che ventenne sia riuscita a sopravvivere anche a questo orrore e abbia trovato la forza di fuggire e rimettere insieme la sua banda diventando il capo riconosciuto dei ribelli; ma Phoolan non è più la sposa bambina di pochi anni prima, ormai è diventata una donna dura, forgiata dal dolore e dalle privazioni, e ha acquistato una forza che non può che trascinarla nella leggenda. Dopo questa ennesima fuga il suo nome è sulla bocca di tutti e ogni azione a cui partecipa viene esaltata dal popolo che comincia a venerarla come una divinità; delle bamboline con la sua immagine vanno a ruba, e nei mercati tra le spezie colorate si vende il copricapo che indossa, una bandana rossa da cui non si separa mai.

Phoolan ormai non è solo ispirata da Durga, ma incarna totalmente la dea della vendetta, che non a caso è sempre raffigurata con una collana che al posto di perle preziose esibisce macabre teste mozzate di uomini. Le sue rappresaglie sono feroci e implacabili, particolarmente crudeli nei confronti di chi ha usato violenza a donne e ragazze di cui Phoolan si è eletta a giustiziera. È coinvolta in agguati e sparatorie e le sono attribuiti svariati delitti, ma negherà sempre le sue responsabilità nel massacro del villaggio di Behmai, dove in una notte vengono uccisi ventidue uomini che avevano partecipato al suo stupro di gruppo.

Per lo Stato indiano dell'Uttar Pradesh Phoolan diventa il pericolo pubblico numero uno, le forze di polizia le danno la caccia giorno e notte ma non ce la fanno mai a catturarla: Phoolan riesce sempre a volatilizzarsi grazie anche alla protezione dei suoi tanti proseliti. La regina dei banditi conduce ormai una vita di stenti, costretta a nascondersi tra i calanchi e le grotte della valle del fiume Chambal, veri labirinti impenetrabili; la sua banda è stata quasi decimata e si sente prossima alla fine quando, con uno dei colpi di scena che hanno segnato tutta la sua vita, decide di arrendersi allo Stato intraprendendo una lunga trattativa che si concluderà nel febbraio del 1983, quando la Bandit Queen cederà le armi pubblicamente davanti a un'immagine di Durga e a una del Mahatma Gandhi: scenario simbolico che lei stessa ha preteso per la sua capitolazione. Questo evento si trasformerà in una cerimonia epocale alla quale assisteranno migliaia di curiosi e ammiratori venuti da tutta la regione a vedere da vicino quella leggenda vivente.

Phoolan Devi è finalmente incarcerata, in cambio della resa eviterà la pena di morte e dopo undici anni di carcere, pagando una cauzione e sotto la spinta di un forte movimento d'opinione, torna in libertà anche se su di lei pendono ancora decine di accuse di rapimenti, saccheggi e omicidi. Nonostante la mitologia che l'ha circondata, Phoolan rimane sempre una fuorilegge e soprattutto una figura controversa che ha attirato su di sé venerazione e odi profondi.

Appena fuori dal carcere, nelle sale cinematografiche esce il film sulla sua vita che è subito un grande successo, ma Phoolan denuncia il regista e Channel 4 per aver sfruttato i lati più scabrosi della sua biografia e in particolare per aver distorto la verità rendendola colpevole del massacro di Behmai prima che si sia potuta difendere in un regolare processo. La sostiene pubblicamente anche la scrittrice indiana Arundhati Roy, scrivendo articoli appassionati in suo favore. Phoolan, alla fine di una lunga battaglia, vince la sua causa contro la produzione del film e riesce anche a far sospendere le proiezioni della pellicola in India. Siamo nel 1996, e un'altra svolta clamorosa capovolge ancora il suo destino: Phoolan decide di presentarsi alle elezioni con il Partito socialista Samajwadi in difesa dei poveri e delle donne, e il suo popolo di reietti la vota in massa. I detrattori la accusano di aver usato la politica per ottenere l'immunità parlamentare, ma la regina dei banditi tira dritto e, nonostante sia totalmente analfabeta, si presenta in Parlamento a testa alta.

Tuttavia la benevola protezione di Durga non potrà fare nulla contro i sicari che una notte, mentre Phoolan torna dal Parlamento, le tendono un agguato sotto casa uccidendola con cinque colpi di pistola alla testa; le avevano appena tolto la scorta ritenendola inutile malgrado le continue minacce che riceveva dai suoi eterni nemici. Dopo tutti i pericoli corsi e le battaglie sostenute, la regina dei banditi muore sola e indifesa a soli trentasette anni su un anonimo marciapiede di New Delhi.

La sua vita sulla terra ora è realmente finita, ma la sua leggenda ancora oggi continua a correre tra i villaggi dell'India e sulla bocca delle madri che sperano in un futuro migliore per le loro bambine. In cuor loro si augurano che un domani le loro figlie valgano più di una mucca o di un bufalo, e che venga finalmente smentito quel vecchio detto indiano che afferma: "La morte di una moglie fa guadagnare una nuova dote al marito, mentre la morte di un bufalo procura una sciagura economica a tutta la famiglia. Potendo scegliere tra un bufalo e una figlia femmina, saresti ancora indeciso?".

Italien
1815 bis zur Gegenwart
Die Zahlen bezeichnen den Übergang des Landes an Sardinien (Italien).
Maßstab 1:8000000.
Kilometer
Schweiz
Tirol
Österreich-Ungarn
Lombardei
Venetien
Mailand
Venedig
Triest
Adriatis
Pesaro
Ancona
Castelfidardo
Macerata
Livorno
I. Elba
staat
1870
Rom
INVITO
DI ORGANIZZAZIONE ALLE DONNE ASCRITTE PER L'ASSISTENZA DEI FERITI
BIBLIOTECA UNIVERSALE
a Lire 1,20 al Volume
N. 97
CRISTINA TRIVULZIO DI BELGIOIOSO
LA VITA INTIMA E LA VITA NOMADE IN ORIENTE
OSSERVAZIONI
SULLO STATO ATTUALE DELL'ITALIA
E SUL SUO AVVENIRE
CRISTINA TRIVULZIO DI BELGIOIOSO
UN PRINCIPE CURDO
CRISTINA TRIVULZIO DI BELGIOIOSO
ASIE MINEURE ET SYRIE
L'ITALIA
E
LA RIVOLUZIONE ITALIANA
NEL 1848
PARTI DUE
DELLA
PRINCIPESSA CRISTINA TRIULZI-BELGIOIOSO
TRADUZIONE A PAROLA.

CRISTINA DI BELGIOIOSO

Rosa Donne d'Italia, creata dal sanremese Antonio Marchese nel 2011 per i 150 anni dell'Unità d'Italia. I grandi fiori a coppa sono caratterizzati da un'insolita miscela di colori: i petali presentano un fondo di un pallido verde limone che diventa bianco e rosa tenue verso i bordi. I fiori recisi si conservano molto a lungo.

"Aveva gli occhi terrificanti di una sfinge, così grandi, così grandi che dentro di essi mi sono perso e non riesco a trovare la via d'uscita." Così il poeta Alfred De Musset descrive negli anni Trenta dell'Ottocento la principessa Cristina Trivulzio di Belgioioso, in quello che più che un incontro fu una vera apparizione. Non è l'unico artista a essere fulminato dal carisma di questa giovane italiana, che poco più che ventenne apre le porte del suo salotto parigino alla crema dell'intellighenzia del tempo. Heinrich Heine ne è così affascinato che dichiara convinto: "Ella è la persona più compiuta che abbia trovato sulla terra. Sì, prima di conoscerla credevo che persone come lei dotate di tutte le perfezioni del corpo e dello spirito non esistessero che nei racconti delle fate, nei sogni di un poeta". E il grande pittore Eugène Delacroix aggiunge meticoloso: "E il fascino delle fossette... diavolo, bisogna tenerne conto". Artisti, musicisti, politici e scrittori fanno a gara per partecipare a queste riunioni che vedono accorrere, insieme al bel mondo della capitale francese, i tanti patrioti italiani in esilio che la principessa accoglie e protegge con la sua proverbiale generosità. Perché Cristina non è solo una nobile, figlia di una delle più importanti famiglie milanesi, ma è ormai famosa per la sua fede devota al Risorgimento italiano – non a caso Carlo Cattaneo la chiama senza mezzi termini "la prima donna d'Italia".

Ma prima di arrivare nel lussuoso appartamento dietro rue du Faubourg Saint-Honoré, la "*belle italienne*" è dovuta scappare clandestinamente dalla sua amata Lombardia per sfuggire all'ordine d'arresto del governo austriaco che l'ha attenzionata come "carbonara". Nel 1831 è costretta ad attraversare nottetempo a piedi il fiume Varo per raggiungere la Francia: "... Cesare invece lo attraversò a cavallo", racconterà più tardi nelle sue memorie con noncuranza e ironia, descrivendolo come il suo passaggio sul Rubicone; nel frattempo la polizia austriaca non smette di perseguitarla e le sequestra tutti i suoi beni in Italia.

Cristina, che ha già venduto i suoi gioielli per finanziare la fallimentare spedizione di Ciro Menotti in Romagna, si ritrova sola, in terra straniera e senza la minima risorsa.

Davanti alle difficoltà la principessa rivoluzionaria non si perde d'animo e si stabilisce in un umile appartamentino alla periferia di Parigi guadagnandosi da vivere cucendo pizzi e coccarde. "Ricca erede, cresciuta nelle costumanze dell'aristocrazia milanese, non conoscevo proprio nulla delle necessità della vita [...] non potevo rendermi conto del valore di un pezzo di cinque franchi. [...] Potevo dipingere, cantare, suonare il pianoforte, ma non avrei saputo far l'orlo a un fazzoletto e cuocere un uovo sodo." Tuttavia sarà proprio questa vita di rinunce, assolutamente nuova per lei, ad accostarla sempre di più ai suoi ideali, che rafforzerà con la frequentazione del celebre storico Augustin Thierry, seguace di Saint-Simon e delle sue teorie utopiste. Quando s'incontrano lo studioso ha trentacinque anni ed è già gravemente malato e quasi cieco: non sarà quindi la proverbiale bellezza di Cristina ad affascinarlo ma l'intelligenza vivace e le profonde convinzioni politiche della giovane esule, che Thierry incoraggerà durante la loro lunga amicizia che durerà più di un quarto di secolo. Cristina entra in contatto con i personaggi più influenti della carboneria italiana costretti all'esilio in Francia, una terra promessa che aveva acceso le speranze dei fuoriusciti, e comincia a scrivere articoli sul "Costitutionel", affinando le sue qualità di giornalista politica.

Per una ragazza dell'Ottocento nata e cresciuta nella bambagia di una nobiltà ricca e potente sono passi da gigante, ma Cristina aveva già dimostrato un carattere forte e determinato quando a soli sedici anni rifiuta un matrimonio combinato con un cugino che considera triste e piagnucoloso e decide di sposare, contro il parere della famiglia, Emilio di Belgioioso, che per lei incarna la figura del vero principe azzurro. In realtà questo rampollo bello e affascinante è un indefesso libertino che sta sperperando tutto il patrimonio della sua famiglia e non vede l'ora di mettere le mani sull'immensa fortuna della sua sposina, che ha portato in dote 400.000 lire austriache, ovvero la bellezza di 4 milioni di euro di oggi. Ma con la stessa determinazione con cui ha voluto questo matrimonio, la giovane Cristina decide di liberarsene solo pochi anni dopo non sopportando più i continui tradimenti del principe, che nel frattempo le ha anche attaccato la sifilide. La principessa riesce a sciogliere questa unione pacificamente, negoziando in cambio della sua libertà il pagamento degli ingenti debiti del marito. La libertà ha un prezzo, si dice, e Cristina è sempre pronta a pagarlo pur di poter vivere la propria vita. Nonostante tutto, lei ed Emilio rimarranno amici e Cristina continuerà con generosità a far fronte a tutte le follie di questo uomo infantile e vanesio, che si racconta girasse per Milano con una carrozza rivestita di pelle nera a uso alcova su ruote, regalo prezioso del suo amico Lord Byron.

Finalmente Cristina non ha più legami e può dedicarsi alla nuova passione patriottica che infiamma il suo animo. Dopo lo scandalo della separazione, la sua reputazione già in bilico si compromette definitivamente quando, sfidando a testa alta l'opinione pubblica, comincia a partecipare attivamente ai moti rivoluzionari per l'Unità d'Italia. Purtroppo i problemi di salute non le danno tregua perché, oltre al "regalo" del marito, affronta da tempo crisi periodiche piuttosto misteriose che i suoi biografi attribuiscono a una leggera forma di epilessia, al tempo malattia da tenere nascosta come una vergogna. Sono anche queste le cause del suo proverbiale pallore e dell'eccessiva magrezza, che la rendono però allo stesso tempo un'icona misteriosa e malinconica: perfetta per incarnare il nuovo modello di donna caro agli artisti romantici, che la esaltano nei loro scritti e la ritraggono in quadri che sottolineano lo sguardo profondo e "l'opaco splendore di madreperla" del suo incarnato.

Quando però una donna sorpassa i confini che le sono assegnati si trasforma facilmente in una strega, e così viene definita dai suoi detrattori, numerosi quanto i suoi ammiratori. Lady Granville, moglie dell'ambasciatore inglese, dice di lei: "Occhi grandi come piattini, mani sottilissime [...] estremamente intelligente e con lo spirito di un demone". Lo scrittore Honoré de Balzac la chiama con disprezzo "cortigiana" perché, contro ogni etichetta e decenza, ospita in casa il musicista Liszt fino alle undici e mezzo di sera e, non contento, la prende a modello per la sua Fedora, personaggio "senza cuore, impenetrabile come una Gioconda". Ma c'è di peggio. Il conte Rudolf Apponyi, cugino dell'ambasciatore austriaco, la descrive così a un amico: "La Principessa ha un pallore spettrale, porta turbanti e acconciature di stile insolito, abiti così eccessivamente scollati e singolarmente vaporosi, con drappeggi così bizzarri da far immaginare che un pugnale si nasconda tra le loro pieghe...".

Ormai Belgioioso è una leggenda, ma lei con la solita ironica leggerezza non dà peso alla mitologia che la circonda: "La mia duplice condizione di principessa e di rifugiata serviva a puntino a darmi arie da eroina da commedia". Nel frattempo, grazie all'intercessione di un amico notaio, finalmente riesce a sbloccare i suoi beni, e dall'umile alloggio dove viveva appena arrivata in Francia si trasferisce nello sfolgorante appartamento vicino a rue du Faubourg Saint-Honoré. Qui inaugura questo discusso salotto che le serve soprattutto per sostenere le idee risorgimentali e creare un punto di riferimento per i patrioti italiani fuggiti all'estero, come sa bene la polizia austriaca che non smette mai di spiarla.

Per rafforzare la sua propaganda, anni dopo fonderà a sue spese un giornale, la "Gazzetta Italiana": è la prima volta nella storia che una donna crea e dirige un giornale, un gesto inaudito che naturalmente le attirerà altre malignità. "Detesto le donne che fanno il bagno nell'inchiostro blu" dichiarerà velenoso Théophile Gautier, ma Cristina liquida le critiche con una frase ancora oggi perfetta per questi commenti sessisti: "È così che il mondo tratta le donne il cui carattere non è stato cancellato dall'educazione ricevuta, mentre negli uomini, al contrario, l'originalità è considerata un merito". Nel frattempo, mentre respinge in continuazione spasimanti attratti dal suo fascino magnetico, nel 1838, con un colpo di scena degno di lei, rimane incinta della sua unica figlia Maria. Nessuno conosce l'identità del padre e Cristina, fedele al suo stile riservato e controcorrente, non la rivelerà mai; l'unica cosa che si sa con certezza è che, per assicurare un futuro alla bambina, anni dopo riuscirà a farla riconoscere dal Principe di Belgioioso, probabilmente in cambio di un'altra generosa donazione. Questa importante novità spinge Cristina ad abbandonare la vita sociale parigina e a tornare in Italia, dove si rifugia nelle terre di famiglia a Locate, appena fuori Milano. Ma lo spirito battagliero della Principessa non si quieta nell'oasi campagnola e la spinge verso una nuova avventura ancor più rivoluzionaria. Mettendo a frutto le teorie socialiste approfondite grazie all'amicizia con il filosofo Thierry, Cristina decide di trasformare la sua tenuta in un nuovo modello di impresa sociale, abbattendo soprusi e ingiustizie a cui erano da sempre sottoposti i contadini: costruisce abitazioni decorose per i suoi braccianti, fonda scuole gratuite per i loro figli, garantisce l'assistenza sanitaria e corsi di igiene per le donne. La nobiltà milanese si scandalizza, giudicando queste riforme pericolose per i privilegi della casta dei proprietari terrieri: cosa si è messa in testa questa principessa scandalosa? A insorgere per primo è uno dei nostri tanto decantati padri della patria, l'idealista Alessandro Manzoni, che si chiede preoccupato: "Ma se ora i figli dei contadini vanno a scuola chi coltiverà i nostri campi?". È così invelenito che quando la madre Giulia Beccaria, grande amica di Cristina, è in fin di vita, impedisce alla Principessa di darle l'estremo saluto. Non è certo un gesto di grande carità cristiana, ma lei con la pacatezza che la distingue commenterà serena: "Io rispetto il modo di vedere del Manzoni, ma in questo caso sono fiera del mio".

Negli anni di Locate Cristina si occupa dei giornali che ha fondato e scrive inedite riflessioni sulla condizione dei contadini in Lombardia, rivelando la miseria cui sono costretti. Ma la pace del suo *buen retiro* lombardo viene scossa dall'insorgere dei moti del 1848: sembra che qualcosa finalmente si muova di nuovo nell'Italia afflitta e umiliata, e Cristina accorre a fianco dei suoi "carbonari" per partecipare alla lotta. Si trova a Napoli quando a Milano scoppia la rivolta delle Cinque Giornate e immediatamente organizza una spedizione per raggiungere i patrioti al Nord, mettendo a disposizione le sue risorse per noleggiare una barca e procurare le armi per i duecento volontari che partono insieme a lei. Quando arriva a Milano è esaltata dal fermento popolare: "Era la prima volta che vedevo così tante bandiere con i colori italiani nella capitale lombarda. Provai una gioia profonda". Purtroppo il tradimento di Carlo Alberto, il "re Tentenna", che riconsegna Milano agli austriaci porrà fine, come sappiamo, a ogni speranza dei patrioti; ma già un anno dopo Cristina è a Roma a sostenere la neonata Repubblica insieme a Giuseppe Mazzini, che la incarica di coordinare la direzione degli ospedali durante la resistenza. Insieme ad altre due donne valorose, Margaret Fuller ed Enrichetta Pisacane, crea un inedito corpo di infermiere arruolando suore, nobildonne e prostitute, e facendole lavorare fianco a fianco nelle corsie improvvisate. È un'iniziativa senza precedenti, che naturalmente attirerà le critiche dei benpensanti scandalizzati da questa promiscuità. Addirittura Pio IX alzerà la voce contro i metodi della Principessa, che costringeva "le vittime a morire tra le braccia delle prostitute". Cristina, con la sua proverbiale mitezza, risponde al papa con una lettera che è un esempio di intelligenza politica: "Le donne che mi venivano denunciate erano state per giorni e giorni a vigilare al capezzale dei feriti; non si ritraevano dinanzi alle fatiche più estenuanti, né agli spettacoli o alle funzioni più ripugnanti, né dinanzi al pericolo, dato che gli ospedali erano bersaglio delle bombe francesi. Nessuno poteva rimproverare a quelle donne un gesto meno che decoroso e casto".

Mentre i francesi riprendono possesso della città, Cristina rimane fino all'ultimo tra i suoi feriti e assiste Goffredo Mameli che spira tra le sue braccia. Ma il 31 luglio del 1849 è costretta a scappare di nuovo per sfuggire a un imminente arresto da parte della Curia romana, che ha raccolto un dossier contro di lei. Non torna in Francia, Paese che l'ha delusa profondamente, ma inizia un lungo viaggio che la porta dalla Turchia fino in Asia Minore, alla scoperta di altre culture e nuove civiltà. La sua sete di conoscenza è ancora grande, ma soprattutto Cristina ha bisogno di lenire il dolore che ha accumulato per le numerose sconfitte e i tradimenti. Gli austriaci hanno confiscato ancora il suo patrimonio e con il poco che le rimane compra una valle in Turchia, dove costruisce una fattoria per ospitare i profughi italiani: una sorta di comune per cercare di attuare, almeno in piccolo, i suoi ideali. Intraprende un'altra serie di viaggi in Siria, Libano e Palestina, di cui rimane una testimonianza giornalistica puntuale e curiosa, priva di ogni esotismo. Perché Cristina resta soprattutto una saggista, pioniera di scritti modernissimi che spaziano dalla politica all'antropologia e naturalmente alla condizione della donna, che la Principessa riesce ad analizzare con una lucidità straordinaria, anticipando di decenni molte teorie femministe. "Non sarebbe ormai tempo che la società così ansiosa di abbattere tutte le tirannidi si ricordasse che in ogni casa, in ogni famiglia, v'hanno vittime più o meno rassegnate, assorte nel procurare la maggior dose di felicità possibile a chi le condanna a una vita di dipendenza e di sacrificio?" Ed è anche la prima a rendersi conto che le pioniere della sua generazione hanno potuto solo seminare un raccolto di cui le donne godranno i frutti molti anni più tardi.

La sua parentesi bucolica in Turchia si conclude con un episodio violento, che la vede vittima di un tentativo di omicidio da parte di un suo bracciante. Per fortuna Cristina si salva, ma le coltellate che ha subito le procureranno dei danni permanenti. Nel 1855 decide di tornare nella sua Locate per condurre una vita più ritirata: ha quarantasette anni ed è una donna provata nel fisico ma soprattutto nell'animo. Molti dei patrioti che ha aiutato le si sono rivoltati contro dopo aver letto le sue critiche agli innegabili errori compiuti durante le varie vicende rivoluzionarie. "Vedo le rughe solcarsi a forza sulle mie guance ed imprimere al mio volto un'espressione di severità, o di noia, o di indifferenza, che non ebbero mai il loro corrispettivo né nel mio cuore, né nella mia testa." Nel 1861 accoglie con gioia la notizia della proclamazione dell'Unità d'Italia a cui aveva dedicato ogni istante della sua vita, ma è l'unica aristocratica non invitata al ricevimento indetto da Vittorio Emanuele per festeggiare l'evento memorabile.

Nonostante le cocenti delusioni politiche continua a studiare e a scrivere con la sua consueta arguzia, intelligenza e sincerità; è del 1866 un saggio ancora oggi attualissimo, *Della presente condizione delle donne e del loro avvenire*, dove è racchiuso il suo testamento morale per le future generazioni: "Che le donne felici e stimate del futuro rivolgano i pensieri al dolore e all'umiliazione di quelle che le hanno precedute e ricordino con un po' di gratitudine i nomi di quante hanno aperto e preparato la strada alla loro mai gustata prima e forse sognata felicità".

La Principessa rivoluzionaria muore a Locate il 5 luglio del 1871, pochi giorni prima di compiere sessantatré anni, e nessun nome del firmamento politico del Risorgimento è presente al suo funerale.

La ricordano oggi soltanto delle piccole strade alla periferia di Milano.

JACQUELINE DU PRÉ

Rosa Jacqueline du Pré, floribunda creata nel 1988 da Harkness in Gran Bretagna. I fiori semidoppi a coppa sono di una bellezza eterea ed elegante, formati da petali sfrangiati di un delicato colore bianco rosato che fanno risaltare i vistosi stami arancio, che si scuriscono nel corso della fioritura fino a diventare rosso porpora.

La musica per lei non era una professione. La musica era la sua vita.

DANIEL BARENBOIM

C'è una foto nell'album di famiglia di Jacqueline du Pré che è buffa e commovente al tempo stesso. Si vede Jacky a quattro anni, una pulce di bambina, con i capelli biondi ordinatamente divisi da una riga in mezzo e tenuti indietro da due fiocchetti, intenta a suonare un violoncello più grande di lei con uno sguardo serio e una concentrazione da musicista navigata. Aveva scelto lei quello strumento atipico per una bambina, dopo aver ascoltato alla radio di casa un concerto della "Children's Hour" trasmesso dalla BBC: «Quando per la prima volta ho sentito il suono del violoncello mi sono immediatamente innamorata... qualcosa di quello strumento mi parlava direttamente, e da allora è stato il mio amico per sempre».

Si dice che la musica sprigionata dal violoncello sia celestiale, ma forse sarebbe meglio dire "umanissima" perché è il suono che più assomiglia a una voce umana, una voce non educata dalla disciplina del canto, che si sprigiona libera e profonda come se a cantare fosse direttamente l'anima.

Per molto tempo furono quasi esclusivamente gli uomini a poter elargire questa magia musicale a un pubblico incantato. Verso i primi del Novecento il direttore d'orchestra britannico Sir Thomas Beecham apostrofò severamente una sua violoncellista con queste dure parole: «Madame, avete tra le gambe uno strumento che può offrire piacere a migliaia di persone e tutto quello che sapete fare è grattarlo». Senza dubbio la colpa di questa severa reprimenda è da attribuire allo scarso talento della musicista in questione, ma è giusto ricordare che fino alla Seconda guerra mondiale alle donne era concesso di intraprendere lo studio del violoncello solo a patto di assumere una posizione quasi all'amazzone: per motivi di decenza era opportuno che non allargassero mai troppo le gambe per accogliere lo strumento come invece potevano fare i loro colleghi maschi. Non era facile dare il meglio di sé in quella postura, e le foto d'epoca ci mostrano signore impettite, con le ginocchia pudicamente serrate al violoncello, costrette in una posizione faticosa e malsana per allontanare ogni possibile sospetto da "altre" destrezze che avrebbero rovinato per sempre la loro reputazione. È evidente che erano molto poche le donne che si avventuravano coraggiosamente in questa disciplina diabolica, ma con il tempo il genere femminile conquistò il diritto al voto e anche la libertà di aprire le gambe per accogliere felicemente il violoncello ed esprimersi appieno nella musica. Ed è così che lo suonava Jacqueline, trasformandosi in un tutt'uno con il suo amico del cuore. Insieme al violoncello la piccola passava più ore che con i compagni di scuola, abbracciando il destino spesso solitario dei bambini talentuosi; ma Jacky era una predestinata, e ben presto tutti si accorsero del suo incredibile dono.

Nel 1953, a otto anni, era già richiesta nei programmi televisivi inglesi e cominciò a vincere un premio dietro l'altro, la sua vita di *enfant prodige* si trasformò velocemente in una carriera da grande violoncellista, la più grande del secolo scorso, tanto che il critico Harold C. Schonberg dopo averla ascoltata scrisse sul "New York Times": "Indubbiamente Jacqueline du Pré è nata per suonare il violoncello". La musicista aveva un tocco magico, una tecnica perfetta e un'intensità espressiva che arrivavano dritti al cuore del pubblico, che ancora ricorda ogni sua esibizione come un evento memorabile. Oltre alla straordinaria bravura, Jacqueline possedeva anche una presenza scenica impressionante: le note che pizzicava sulle corde del violoncello sembravano uscire direttamente dal suo corpo allacciato allo strumento in un abbraccio musicale indivisibile. Sono sorprendenti i filmati che la ritraggono in concerto, dove sembra cadere in trance rapita dalla stessa musica che sta suonando; quando invece la vediamo in una delle tante interviste, non ci appare mai come un'ancella che vive fuori dal mondo, devota solo allo studio, ma scopriamo una ragazza modernissima, simpatica, vestita alla moda, che ci sorride agitando la sua montagna di capelli biondi. Un collega di Jacqueline, scherzando, affermava che il suo corpo di giovane donna in realtà nascondeva l'anima di un anziano maestro di violoncello: un paradosso che rende l'idea dell'incredibile personalità di questa artista.

C'è un'esibizione che possiamo definire uno spartiacque nella gloriosa ascesa della musicista: è il 1962, alla Royal Festival Hall di Londra, quando per la prima volta Jacqueline offre a un'audience estasiata la sua interpretazione del *Concerto per violoncello e orchestra* di Edward Elgar. Jacky ha appena diciassette anni, ma l'esecuzione fu considerata dalla critica internazionale "leggendaria e definitiva, mai nessun altro violoncellista è riuscito a raggiungere una tale potenza di suono". La musica dolente e romantica di Elgar sembrava scritta per lei, o forse Jacky sembrava venuta al mondo solo per suonarla; quelle note diventarono la sua ossessione e il suo talismano, un rifugio sicuro e la più grande gioia creativa che un'artista abbia mai provato, regalandole la possibilità di librarsi in volo nel suo mondo musicale.

E forse non è un caso che la musicista scelse proprio questo concerto per una delle sue ultime apparizioni: nel 1973 a soli ventotto anni Jacky fu dolorosamente costretta ad abbandonare le esibizioni dal vivo, perché una crudele sclerosi multipla la colpì privandola prima della sensibilità alle mani e poi lentamente di ogni movimento, costringendola alla sedia a rotelle e a una morte prematura a quarantadue anni.

Giovanissima, Jacqueline aveva incontrato il grande amore della sua vita, il pianista, compositore e direttore d'orchestra Daniel Barenboim: insieme formarono una coppia eccezionale per talento e affiatamento musicale. Al primo incontro non si dissero neanche buonasera – come ricordava la stessa Jacky – ma si misero immediatamente a suonare Brahms. «La più grande gioia per me era suonare insieme a lei» racconta Barenboim. «Eravamo totalmente in sintonia. Il suo abbandono mentre suonava era contagioso, e io lo amavo.»

Li legava un'alchimia fuori dal comune che rendeva ogni loro performance unica ed entusiasmante anche per l'energia e la passione che entrambi sprigionavano sul palco, tanto che i loro concerti intorno al mondo mobilitavano folle di fan adoranti come raramente avviene per la musica classica.

Ma la favola si interruppe bruscamente con la malattia di Jacky, una spirale dolorosa che l'ha portata nel tempo a un isolamento forzato e alla privazione più grande: l'impossibilità di abbracciare l'amico di sempre, il suo violoncello. Anche se la musicista affermava senza retorica: «In qualche modo mi considero fortunata, perché il repertorio per violoncello non è molto ampio, e ho potuto suonare la maggior parte dei pezzi che ho amato. Come musicista, se guardo indietro al mio passato, vedo una vita piena».

Jacqueline du Pré coraggiosamente non smise mai di lottare per sopravvivere e, nonostante le avversità e l'impossibilità di suonare, continuò a impartire lezioni del suo adorato strumento, cercando di rimanere fino all'ultimo nell'unico mondo dove si sentiva a casa, tra le note della musica che l'aveva accompagnata per tutta la vita, perché come diceva lei stessa: «Suonare ci trasporta al di là di noi stessi, fino a un luogo di estasi».

Ed è lì che potete ritrovarla ancora oggi ogni volta che ascoltate una sua incisione. Tuttavia, come ci suggeriscono i suoi grandi estimatori, non dobbiamo mai cadere nell'errore di crederla grande a causa della tragedia che ha investito la sua vita, un'esistenza molto breve ma che ha sprigionato un grande talento per la gioia del suo pubblico, ed è sicuramente per questo dono e non per altro che Jacqueline avrebbe voluto essere ricordata.

MAGAZINE
Emma GOLDMAN
LECTURES AT THE AUDITORIUM JUNE
TO-NIGHT
SUBJECT-Why the poor Should not have children.
ANARCHY for WOMAN?
EMMA GOLDMAN ENTHUSIASTIC AGITATOR OF BIRTH CONTROL
Emma Goldma
Who will deliver a Series of Lectures in Portland on Vital Subjects at
Portland, Subject and Dates:
THE PHILOSOPHY OF ANARCHIS
THE "POWER" OF BILLY SUNDAY
MISCONCEPTIONS OF FREE LOV
FRIEDRICH NIETZSCHE–The Intellectual Storm Center of Europe
JEALOUSY–Its Cause and Possible C
ANARCHISM AND LITERATURE
THE BIRTH CONTROL
MOTHER EART
February, 1915
My Disillusionment in RUSSIA
POLICE DEPT.
563873
ON STRIKE
WE FIGHT FASCISM
IF I CAN'T DA
DANCE IT'S NOT
MY REVOLUTION

EMMA GOLDMAN

Rosa Emma la Rouge, ibrido di gallica creato dal francese Vibert nel 1999. Produce una sola volta l'anno fiori profumati dall'aspetto di rosa antica. Le corolle, composte da oltre cento petali, si aprono piatte e sono di un colore indefinibile tra il cremisi e il porpora. L'arbusto è vigoroso.

"Preferisco avere delle rose sulla mia tavola
che una collana di diamanti attorno al collo."

C'è una vecchia foto ingiallita dal tempo che ci mostra una donna in piedi sul predellino di una macchina mentre arringa la folla a Union Square: siamo nel 1916 a New York e l'oratrice, con la sua abituale foga, sta perorando una causa di cui è proibito anche solo parlare in pubblico. È Emma Goldman la femminista, l'anarchica, più conosciuta come "Emma la Rossa", e il suo discorso infiammato è contro la legge che condanna l'aborto e vieta la diffusione di ogni pubblicazione sul controllo delle nascite. In quegli anni combattere per il diritto delle donne a gestire il proprio corpo non era un'impresa facile, e si finiva facilmente in prigione. Emma infatti viene arrestata, ma non sarà né la prima né l'ultima volta, perché il suo pensiero è considerato sovversivo e pericoloso. Tuttavia il desiderio di lottare contro le ingiustizie continua a essere per lei più potente di ogni proibizione e non l'abbandona in tutta la sua movimentata esistenza.

Emma nasce in Lituania nel 1869 da una famiglia modesta

che per cercare fortuna si sposta a San Pietroburgo dove il padre apre una piccola bottega; tuttavia gli affari vanno male ed Emma è costretta a lasciare la scuola e andare a lavorare per contribuire al bilancio famigliare. È solo un'adolescente ma è già appassionata di arte e letteratura e vorrebbe continuare a studiare, purtroppo il padre, di indole violenta e autoritaria, trova ridicolo che una ragazza si istruisca e butta i suoi amati libri nel camino: «Le ragazze non hanno bisogno di imparare molto! Tutto quello che una figlia ebrea deve sapere è come cucinare le polpette di pesce, e dare all'uomo figli in abbondanza». Per ironia della sorte sarà proprio un libro ad accendere la prima scintilla di ribellione nella giovane Emma: è un romanzo di Nikolay Chernyshevsky, *Che fare?*, un testo proibito non solo in casa Goldman, ma in tutta la Russia zarista che non vede certo di buon occhio una storia di disobbedienza civile con tanto di finale utopico e socialista. Anche se l'autore è stato spedito in Siberia, il libro continua a circolare e diventerà una specie di manifesto per i futuri rivoluzionari – Lenin compreso – che dichiarerà di averlo letto cinque volte... mai sottovalutare il potere della letteratura.

Emma si immedesima talmente nella protagonista che trova la forza di rifiutare – proprio come la sua eroina – un matrimonio combinato dal padre e, dopo aver minacciato di buttarsi nella Neva se non avesse potuto decidere del proprio destino, le viene concesso finalmente il permesso di raggiungere la sorella già emigrata in America. A quindici anni, con venticinque rubli in tasca e un fagotto di stracci, l'intraprendente ragazzina sta già solcando l'oceano per andare incontro al suo futuro, e da questo momento nessuno sarà più in grado di fermare la sua proverbiale "passione di vivere".

In America entra in contatto con gli operai delle fabbriche, gli immigrati e tutti gli emarginati del grande capitalismo che costringe i lavoratori a paghe da fame sotto la continua minaccia del licenziamento. Emma trova lavoro in una manifattura tessile: per dieci ore e mezzo al giorno, cuce soprabiti a due dollari e cinquanta la settimana. È in questo mondo di disuguaglianze e soprusi che Goldman comincia a formare la sua coscienza politica e a sentire sempre più urgente il bisogno di propagandare quegli ideali di giustizia e libertà, condivisi con il gruppo di anarchici che fa capo a Johann Most: un editore radicale e un formidabile oratore, il primo a intuire le potenzialità di questa giovane donna. Most la incoraggia a parlare in pubblico e a liberare tutta la passione politica che tiene ancora rinchiusa dentro di sé. Quando Emma sale la prima volta sul palco capisce subito che quella è la sua vera vocazione: "Iniziai a parlare. Parole che non mi ero mai sentita pronunciare prima si riversarono fuori da me, sempre più veloci. Arrivarono con un'intensità appassionata... Il pubblico era scomparso, la sala stessa era scomparsa; ero consapevole solo delle mie parole, della mia canzone estatica...".

Emma ha appena vent'anni ma non è più la timida ragazzina che parlava a malapena l'inglese, in poco tempo si è trasformata in una leader carismatica che riesce a infiammare il cuore del pubblico che affolla sempre più numeroso le sale e le piazze dove si presenta. La lotta politica diventa la sua ragione di vita e con un'instancabile energia comincia a girare tutto il Paese per diffondere le sue idee. La forza granitica di Emma si fonda tutta sulla sua coerenza: una totale identità tra gli ideali che professa e il suo comportamento quotidiano. Il suo pensiero libertario non nasce da sterili teorie imparate sui libri: le appartiene fisicamente, e le è necessario come l'aria che respira. Alla fine di ogni comizio Emma scende tra la gente a raccogliere fondi per i senzatetto e i disoccupati perché è una di loro, e conosce quanto può essere dura la sopravvivenza "nella parte buia della strada" in una società sempre più egoista e crudele. L'onda lunga del crack di Vienna del 1873 ha provocato una crisi che non tende a placarsi e continua a lasciare tante famiglie in totale povertà. Anche Emma vive di espedienti, si è portata la sua macchina da cucire a New York e tra un comizio e l'altro confeziona abiti nello scantinato che divide con Alexander Berkman, un compagno di lotta e di ideali con cui intreccia anche una turbolenta relazione amorosa che, nonostante divergenze e allontanamenti, durerà per sempre trasformandosi nel tempo in una profonda amicizia. Malgrado l'aspetto sobrio e quasi monacale, sottolineato dai suoi occhialini da intellettuale, Emma è una donna esuberante e impetuosa, sempre spinta da fulminanti passioni, e non solo per la politica. Ama la vita nella sua interezza, le piace ballare e divertirsi e ama gli uomini con cui avrà storie travolgenti e romantiche, lottando sempre contro le convenzioni del tempo che vorrebbero negare alle donne quella libertà sessuale che lei invece sperimenta con fierezza. "Io esigo l'indipendenza della donna, il suo diritto di mantenersi, di vivere per se stessa, di amare chi e quanti vuole."

È il luglio del 1892 quando avviene un fatto che resterà memorabile non solo per Emma ma per l'America intera. Henry Clay Frick, uno degli industriali dell'acciaio più potenti del Paese, non tiene fede al contratto stipulato con i sindacati e decide di annullare la scala mobile dei salari, unica piccola conquista in un mare di soprusi. La classe operaia entra in agitazione e dichiara uno sciopero generale, Frick chiude l'acciaieria e con la scusa di difendere gli stabilimenti assolda un'agenzia privata di poliziotti: la tristemente famosa Pinkerton National Detective Agency. Gli agenti armati di carabine Winchester irrompono all'alba e aprono il fuoco contro gli scioperanti, uccidendo nove persone tra cui un bambino. Questo terribile episodio convince Berkman e i suoi amici che le parole non bastano più e bisogna passare all'azione. Emma è titubante ma finisce per appoggiare il suo compagno che decide di vendicare le vittime uccidendo l'industriale. Il giornale riporterà così la notizia: "Un giovane uomo, Alexander Berkman, spara a Frick. L'assassino viene bloccato da alcuni operai dopo un'accesa lotta". L'imprenditore è ferito gravemente ma sopravvive e sono proprio i suoi operai a salvarlo. Berkman viene processato e condannato a ventidue anni e la Goldman, anche se continua a difenderlo pubblicamente, comincia a capire che la violenza non può essere la soluzione alle atroci ingiustizie che la gente "da niente" è costretta a subire.

Dopo questo fatto sanguinoso, lo sciopero fallisce e gli operai sono costretti a tornare al lavoro in condizioni ancora peggiori. Da questo momento, per Emma Goldman la vita in America è sempre più difficile, ormai è attenzionata dalla polizia e anche se coraggiosamente continua a perorare le sue cause è considerata una persona indesiderata. «Potrei essere arrestata, processata e messa in carcere, ma non starò mai zitta» dichiara impavida, e infatti nel 1894 è arrestata per "incitamento alla sovversione". Rimane in carcere per un anno, e quando esce è ormai definitivamente "Red Emma", come la chiama la stampa sempre più attenta alle prese di posizione di questa indomita guerriera.

Sarà l'avvento della Prima guerra mondiale a tagliare definitivamente i fili tra Goldman e gli Stati Uniti, che non possono tollerare il movimento pacifista che Emma capeggia non solo con i suoi comizi ma anche con "Mother Earth", la rivista che ha fondato nel 1906 che si propone di costruire "l'uomo libero e senza impedimenti" ospitando gli articoli del gotha degli intellettuali di sinistra, radicali e anarchici del tempo. Nei suoi scritti infuocati e antimilitaristi Goldman invita i giovani americani chiamati in battaglia a disertare e il governo, con il pretesto della nuova legge sul controspionaggio, decide di arrestarla ed espellerla dal Paese. Ma nel frattempo è successo qualcosa di straordinario per i rivoluzionari di tutto il mondo, quella che sembrava solo un'utopia è diventata realtà: in Russia è scoppiata la rivoluzione e finalmente il nuovo mondo tanto sognato sembrerebbe a portata di mano. Emma viene liberata dal carcere e imbarcata insieme ad altri duecentoquarantotto prigionieri politici sul transatlantico che la porterà in Europa e poi in Russia: ha poco più di cinquant'anni e sta tornando nel suo Paese d'origine che non vede da quando ne aveva quindici, è una deportata ma non è mai stata così carica di speranza per il futuro del mondo. Purtroppo ad attenderla c'è un'amara disillusione: il nuovo corso di Lenin, che avrebbe dovuto creare una società più giusta e ugualitaria, in realtà sta calpestando tutti i valori per cui milioni di russi avevano combattuto. Emma non può credere che le libertà di pensiero e di parola vengano negate anche qui in nome di uno stato burocratico, accentratore e corrotto. Era venuta per offrire la sua vita sull'altare della rivoluzione e invece si ritrova davanti agli occhi ancora ingiustizie e soprusi: il suo sogno si è trasformato in un incubo. Scrive persino una lettera a Lenin dichiarando: "Se l'attuale situazione si prolunga, la stessa parola socialismo diventerà una maledizione". Dopo due anni passati in Russia, dove assiste anche all'orrore dell'eccidio di Kronštadt da parte dell'Armata Rossa, Emma scrive nel 1923 il suo libro più controverso: *La mia disillusione in Russia*. È subito tacciata di tradimento da tutti i compagni, ma la sua onestà intellettuale è più forte di ogni opportunismo, non può tacere quello che ha visto.

Impossibile riassumere in poche pagine la biografia di Emma Goldman, più che un'esistenza è la cavalcata irrefrenabile di una donna appassionata attraverso gli eventi più significativi del Novecento: dalla Rivoluzione russa alla Prima guerra mondiale, dall'ascesa delle dittature alla guerra civile spagnola, Emma è sempre stata presente, fisicamente o con i suoi scritti che circolavano tra i libertari di mezzo mondo. Ha conosciuto Orwell e Kropotkin, è andata a lezione da Freud a Vienna e ha litigato con Lenin a Mosca, e ogni volta che ha visto infrangersi un sogno non ha mai perso la speranza, si è rimboccata le maniche e ha trovato sempre nuove spinte ideali per continuare a lottare.

Muore durante un comizio in Canada il 14 maggio del 1940, poco prima di compiere settantun anni, mentre sta parlando con il suo abituale entusiasmo in supporto delle vittime del nuovo regime franchista in Spagna: indomita fino all'ultimo respiro. Mi piace pensare che il segreto della storia di Emma Goldman si racchiuda tutto in una sua frase celebre; non si tratta di una dichiarazione politica né filosofica, bensì di un piccolo manifesto esistenziale che spiega con semplicità la vera essenza di questa combattente: "*If I can't dance, it's not my revolution!*", "Se non posso ballare non è la mia rivoluzione!". Nessuna ideologia sarà mai vincente se in suo nome si dovrà rinunciare alla gioia di vivere, importante tanto quanto i diritti e l'uguaglianza. Senza quelle che lei chiama "le cose belle e luminose" nessuna vita potrà mai essere degna di essere vissuta. È sicuramente questo l'insegnamento più importante che Emma la Rossa ha consegnato alle generazioni future.

Be Natural !

ALICE GUY

Rosa Pioneer Spirit (Spirito da Pioniera), rampicante rifiorente creata nel 2006 dal texano Mike Shoup. I grandi fiori riuniti in piccoli mazzi sono di colore rosa carico e l'arbusto, dalle foglie scure e lucide, può raggiungere quasi i tre metri di altezza ed è particolarmente indicato per ricoprire colonne.

I film della prima regista francese Alice Guy mi hanno elettrizzato.
ALFRED HITCHCOCK

È il 28 dicembre 1895 e siamo a Parigi: nel Salon indien del Grand Café al boulevard des Capucines si respira una certa aria di agitazione e curiosità. I fratelli Lumière hanno invitato celebrità e importanti industriali per mostrare qualcosa di misterioso e, a quel che recita l'invito, totalmente innovativo. Si tratta del "cinematografo": un apparecchio che, mettendo in sequenza fotografie scattate in rapida successione, riesce a dare l'incredibile illusione del movimento. Ad assistere a questo evento senza precedenti ci sono, tra gli altri, Monsieur Léon Gaumont, imprenditore francese nel campo della fotografia, e la sua segretaria, la giovane Alice Guy.

Quello straordinario congegno lascia tutti a bocca aperta, e qualche spettatore incredulo s'intrufola persino dietro lo schermo per cercare di scoprire il trucco, dato che non può credere che una semplice "macchina" sia in grado di riprodurre così fedelmente la realtà. Monsieur Gaumont invece è solo interessato al brevetto per industrializzare la novità, come ha già fatto con tante altre invenzioni, ma Alice gli propone qualcosa di molto più temerario: perché non provare a "girare" delle storie completamente inventate, scritte appositamente per il cinematografo, per mostrarle a un pubblico a pagamento? Un puro lampo di genio. Mademoiselle Guy, da vera pioniera, intravede le straordinarie potenzialità di questa macchina fenomenale e si candida per offrire nuovi scenari agli spettatori, prevedendo che, dopo un primo sbalordimento, si sarebbero presto stancati del realismo delle sequenze che ritraevano l'arrivo di un treno alla stazione o l'uscita degli operai da una fabbrica.

Nasce in questo istante il cinema come narrazione, ed è una ragazza di ventidue anni che alla fine dell'Ottocento mette in moto con la fantasia quella che oggi tutti conosciamo come "la fabbrica dei sogni".

Monsieur Gaumont è un visionario con un gran fiuto per gli affari, e permette ad Alice di sperimentare questa idea bizzarra, a patto che non trascuri il suo prezioso lavoro di segretaria, e, naturalmente, sempre allo stesso stipendio. Mademoiselle Guy accetta entusiasta, e si trasforma nella prima regista della storia del cinema.

Alice era nata nel 1873 da una famiglia benestante, proprietaria di diverse librerie in Sudamerica ma, dopo una serie di rovesci finanziari e la morte prematura del padre, la ragazza si trova costretta a mantenere con il suo piccolo salario la madre rimasta vedova. Le due donne sono obbligate a un'esistenza molto modesta ma Alice, dotata di un carattere entusiasta e sempre aperto alle novità, dopo essersi iscritta a un corso da dattilografa, si presenta speranzosa al signor Gaumont per un posto da segretaria. L'ingegnere, pur apprezzando le ottime referenze, stentava ad assumerla: «È un lavoro di grande responsabilità» le dice, «e lei è troppo giovane per questo impegno». Ma quando la ragazza risponde serafica: «È un difetto che passerà», Gaumont rimane conquistato dall'intraprendenza della signorina e l'assume senza batter ciglio. Ancora non sapeva di aver fatto uno dei migliori investimenti della sua vita.

Dopo la serata al Grand Café des Capucines, Mademoiselle Guy si mette subito al lavoro sulla sua fidata macchina da scrivere e butta giù le prime storie da realizzare per questa nuova magia chiamata cinematografo.

"La mia giovinezza, la mia inesperienza, il mio sesso: tutto cospirava contro di me" dichiarerà anni dopo nella sua autobiografia, ma nonostante questi ostacoli non si fa intimidire e già nel primo anno di attività realizza cinque piccoli film che oggi chiameremmo cortometraggi, con dei mezzi assolutamente pionieristici, sperimentando in prima persona molti di quelli che in futuro diventeranno i numerosi mestieri del cinema. Alice è un fiume in piena, e dopo aver scritto i soggetti, deve inventarsi uno scenario per ambientarli: all'inizio commissiona a un pittore di quartiere dei pannelli che posiziona – sperando che non piova – nel suo giardino di casa trasformato in set; poi s'incarica di trovare gli interpreti, ma prima di affidarsi ad attori professionisti comincia a reclutare volontari tra gli amici più fidati; infine si occupa della regia e del montaggio, collaudando tutte le invenzioni acquistate da Léon Gaumont come il *cronophone*, che molti anni in anticipo sull'avvento del cinema sonoro sincronizzava musica e canzoni agli interpreti ripresi durante un'esibizione.

La prima opera di Alice Guy è del 1896 e si chiama *La fée aux choux*: è la storia bizzarra di una fata-contadina che fa nascere i bambini sotto i cavoli e li vende alle coppie desiderose di mettere su famiglia. Un filmato di venti metri di pellicola per la durata di un minuto e trenta secondi che crea immediato scalpore tra gli spettatori. La compagnia, incredula, ne vende subito ottanta copie, e ordina alla regista altri lavori da lanciare sul mercato. Mademoiselle Guy è una ragazza colta, ha sempre respirato buona letteratura in casa e non ha difficoltà a trovare l'ispirazione per le sue nuove storie: ormai è un vulcano di creatività ed esplora tutti i generi narrativi possibili, dalla commedia al dramma storico, passando per il varietà e il teatro classico.

La sua innata curiosità la spinge a sperimentare nuove tecniche di ripresa sia in studio che in esterni, dove è abilissima a sfruttare la naturalezza degli scenari creando uno stile personale, meno artefatto e melodrammatico dei primi film muti. Si appassiona anche a quelli che oggi chiameremmo effetti speciali montando sequenze al contrario o usando schermature per creare scene multiple, e controlla in prima persona le sedute di colorazione delle pellicole a opera di pazienti acquarelliste che dipingevano a mano fotogramma per fotogramma.

Nicolas Seydoux, presidente della Gaumont per più di trent'anni, ricorda Alice Guy non solo come la prima regista della storia ma anche come la prima ad aver creato, sessant'anni in anticipo sulla Nouvelle Vague, la figura dell'autore che pensa, scrive e gira il proprio lavoro. Siamo agli albori dell'arte cinematografica, Hollywood è ancora un'assolata e sconosciuta cittadina della California, e in Francia artisti come Alice Guy e Georges Méliès stanno costruendo le fondamenta per i cineasti del futuro.

Davanti a questo successo in continua crescita, Léon Gaumont decide di affidare a Mademoiselle Guy la direzione di tutto il reparto cinema e al tempo stesso incrementa gli investimenti costruendo dei veri studi cinematografici e un grande teatro per le proiezioni nel pieno centro di Parigi. Ora Alice, oltre a girare i suoi film, si occupa anche della supervisione di scene, costumi, casting e montaggio delle nuove produzioni, e controlla il lavoro dei registi a cui lei ha personalmente insegnato il mestiere.

Appassionata, moderna e innovativa, grazie al suo spiccato *sense of humour* Alice è stata in grado di realizzare pellicole comiche nella più pura tradizione *slapstick*, e anche storie ironiche e avveniristiche come *Les résultats du féminisme* del 1906, film ambientato in un futuro dove i ruoli di genere sono ribaltati: gli uomini si occupano dei lavori casalinghi e le donne se ne stanno comodamente in poltrona a fumare il sigaro e a leggere il giornale.

Molti si chiedono come sia stato possibile, quasi cinquant'anni prima della conquista del voto per le donne in Francia, che una ragazza come Alice abbia conquistato questo grande potere dirigenziale e creativo raggiungendo una posizione tanto rilevante nell'industria. Sarebbe bello rispondere semplicemente "grazie al suo talento", ma secondo lo storico del cinema Alan Williams a quei tempi nessuno poteva ancora immaginare la potenza che avrebbe conquistato la settima arte: "Sembrava ancora un'attività marginale, più simile a un gioco che a un lavoro, e anche una semplice segretaria poteva occuparsene"; ma aggiunge anche: "Alice Guy è stata una delle figure più importanti del cinema francese, ed è molto triste che oggi sia quasi dimenticata".

Dal 1896 al 1907 Alice realizza come regista e produttrice più di cento pellicole che attraversano ogni genere narrativo, inaugurando anche i primi lungometraggi come *La vie du Christ* del 1906, un ambizioso lavoro che narra la Passione di Gesù: trentacinque minuti e venticinque set diversi con più di trecento figuranti. Un'opera strabiliante per la modernità, le trovate sceniche e i movimenti di macchina: un vero kolossal per l'epoca, girato quando il padre del cinema David Wark Griffith faceva solo l'attore e non aveva ancora mai preso in mano una cinepresa.

Mademoiselle Guy a trentatré anni dichiara scherzando che il cinema è il suo *prince charmant*, l'unico principe azzurro che le ha conquistato il cuore, ma l'incontro con Herbert Blaché, appena arrivato dall'Inghilterra per un aggiornamento sulle nuove tecniche cinematografiche, le farà cambiare idea. Mai avrebbe pensato d'innamorarsi di un inglese, eppure, dopo un breve fidanzamento, Alice sposa Herbert e rivoluziona completamente la sua vita partendo con lui per l'America.

Il marito ha il compito di rappresentare la Gaumont negli Stati Uniti, mentre Alice ha deciso di lasciare il lavoro per dedicarsi esclusivamente alla sua nuova famiglia. Nel 1908 mette al mondo una bambina, Simone, ma dopo due anni di biberon e pannolini non resiste al richiamo della sua grande passione.

In America il cinema è alle prime armi, va ancora di moda il *kinetoscope*, una specie di scatolone dove solo uno spettatore alla volta può guardare una scenetta dentro un binocolo; la regista, lungimirante come sempre, intravede una prateria ancora vergine che aspetta solo di essere conquistata. Nel 1910, con i suoi pochi risparmi, fonda la sua casa di produzione americana, la Solax Company. È la prima donna al mondo a farlo, e con rinnovato entusiasmo riprende a girare e produrre film a pieno ritmo; tra una pellicola e l'altra è di nuovo mamma, stavolta di un maschietto.

Alice approfitta dei nuovi scenari che l'America le offre per allargare la varietà dei generi cinematografici: affronta con successo il western, mette in scena le ballerine dello Ziegfeld Follies di New York, ingaggia acrobati da circo per le scene più pericolose e non esita a utilizzare bestie feroci per il suo esotico *Beasts of the Jungle*. Una foto sul set la ritrae mentre accarezza la tigre protagonista del film senza mai perdere l'abituale eleganza. Con la professionalità che ha accumulato negli anni francesi, Alice

Guy in poco tempo invade il mercato con le sue pellicole e arriva a guadagnare cifre astronomiche per una donna. «Le donne sono più adatte al cinema perché sono abituate a lavorare sulle proprie emozioni, mentre gli uomini da secoli si allenano a controllarle.» Il successo è tale che decide di costruire il suo primo studio cinematografico, uno dei più grandi dell'epoca, a Fort Lee nel New Jersey, dove all'entrata campeggia a grandi lettere il suo motto "Be natural": un'esclamazione che riassume in pieno lo stile prediletto dalla regista.

Alice chiede sempre agli attori di essere naturali nella recitazione senza eccedere in atteggiamenti melodrammatici o troppo teatrali, e sul set riesce ogni volta a ottenere quello che vuole, dirigendoli con autorevolezza ma senza il piglio dittatoriale di certi colleghi. «Possedeva un pugno di ferro in un guanto di velluto», come ricorda la star Olga Petrova, sempre felice di lavorare con Alice Guy perché, come lei, la regista detesta i personaggi femminili "leziosi e sdolcinati" preferendo di gran lunga "un'immagine di donna più attuale: moderna, veloce nel pensare, del tutto autonoma e indipendente". Insieme girano cinque film, tra cui *The Tigress* e *The Vampire*: titoli che parlano da soli.

Ma per quanta forza ed energia Alice abbia potuto mettere nel suo lavoro, lo scenario dei suoi esordi stava completamente cambiando: la crisi energetica dovuta alla Prima guerra mondiale fa emigrare gli addetti ai lavori verso la West Coast, e la concorrenza delle nuove case di produzione diventa sempre più spietata. Le compagnie cinematografiche americane iniziano a inglobare gli indipendenti e a dettare legge sui contenuti delle pellicole. Sta nascendo la grande industria hollywoodiana, e Alice fa sempre più fatica a tenere il passo; a sconfiggerla, più che i problemi economici, sarà la fine del suo matrimonio, quando anche Herbert decide di spostarsi a Hollywood, ma per seguire la giovane attrice di cui si è innamorato. Non è certo l'happy end che Mademoiselle Guy aveva immaginato per la sua storia personale: l'unica sceneggiatura che non ha potuto cambiare.

Nel 1922 Alice è costretta a vendere il suo studio all'asta per un pugno di mosche, e se ne torna in Francia con i suoi due bambini. Come scriverà nella sua autobiografia, "l'America si riprende sempre quello che ti ha donato". Al suo ritorno in patria, nonostante vari tentativi di rientrare nel suo mondo lavorativo, trova sempre porte chiuse e capisce che non c'è più spazio per lei. Ora il cinema è diventato un business troppo importante per lasciarlo in mano a una donna, e ancora oggi non è impresa facile rimuovere quell'invisibile soffitto di cristallo che ostacola tante carriere femminili.

Alice, però, è una combattente nata, e anche se si sente profondamente ferita non si fa vincere dall'amarezza. Per far fronte alle difficoltà economiche si adatta a scrivere favole per bambini e storie sentimentali pubblicate su diverse riviste con lo pseudonimo di Antoine Guy: evidentemente questa attività non merita la sua firma al femminile, che purtroppo è stata cancellata da tanti suoi film.

Come è successo a molte pioniere, Alice Guy sarà umiliata dai libri di storia, come racconta lei stessa con serafica ironia: "Gran parte dei critici per errore, ignoranza o incredulità non mi hanno attribuito la 'maternità' di molti miei film, a volte addirittura accreditandoli ad altri o a figure sconosciute che non avevano mai fatto una regia in vita loro". Sarà Martin Scorsese, anni dopo, a ricordare in questo modo l'eccezionale storia di Alice: «Era una regista di una grande sensibilità, con uno sguardo incredibilmente poetico. Ha scritto, diretto e prodotto più di mille film. Eppure è stata dimenticata dall'industria che lei stessa aveva contribuito a inventare». Ancora oggi si fa fatica a rendere giustizia alla sorprendente carriera di questa antesignana, per colpa della solita amnesia collettiva che ha spesso penalizzato le vicende di tante donne valorose.

Quando ormai ottantenne, dopo una vita ricca di alti e bassi più vorticosi di una montagna russa, Alice incontra il critico cinematografico Georges Sadoul, lo rimbrotta educatamente elencandogli i numerosi errori che la riguardano all'interno del suo celeberrimo libro, *Storia del cinema*, considerato una vera Bibbia per i cinefili. Lo storico, con onestà intellettuale, correggerà le sue lacune, ma non tutti le usarono la stessa cortesia.

Oggi è in corso una faticosa ricostruzione del suo enorme lavoro, e Mademoiselle Guy sarebbe orgogliosa di vedere quante donne è riuscita a ispirare con la sua avventurosa esistenza. È vissuta fino a novantaquattro anni, ma in vita non ha avuto il piacere di veder pubblicata la sua autobiografia, che termina con questa eloquente citazione: "È difficile aver fallito, ma è peggio non aver mai provato".

My Dear Lady
I shall not come to your house after
what passed last night 'till you send
for me when I shall fly, I never will
retract one Syllable I uttered, or one thought
I felt, never will I act tamely and see you
my Dear friend neglected or insulted, for
Believe me as ever your most sincere
and affectionate Nelson
Sunday morn g.

EMMA HAMILTON

Rosa Lady Emma Hamilton. Ibridata da David C.H. Austin nel 2005, è una rosa dall'inconsueto color mandarino brillante, sfumato al centro di un giallo altrettanto caldo e intenso: una miscela di colori che ricorda quelli del tramonto. I fiori sono piuttosto grandi, globulari, ricchissimi di petali e sbocciano a mazzetti. Il fascino di questa rosa è coronato da un apprezzato profumo intenso e fruttato.

"Non riesco a mangiare e tantomeno a dormire ma solo a pensare a te, mio amore adorato, addirittura non ho neanche toccato il mio pudding!" Questa dichiarazione d'amore è stata scritta evidentemente da un inglese doc, visto che la cocente passione che devastava il suo animo era così forte da spingerlo a rinunciare al dolce più amato da ogni cittadino britannico.

Siamo agli inizi dell'Ottocento, e il poveruomo afflitto da questa potente nostalgia per la sua amante non è un signore qualsiasi, ma un eroe nazionale: per capirci, quello a cui è stata dedicata la Nelson's Column a Trafalgar Square, nel centro di Londra. L'invincibile ammiraglio Nelson, che ha sconfitto la flotta di Napoleone in una celeberrima battaglia, davanti al fascino di Lady Emma Hamilton ha deposto le armi e si è totalmente arreso. Ma chi è questa signora sposata all'ambasciatore britannico nel Regno delle Due Sicilie che ha rubato il cuore dell'ammiraglio?

Quando s'incontrano la prima volta a Napoli nel 1793, Horatio Nelson non è ancora entrato nella leggenda, mentre Lady

Hamilton ha già vissuto parecchie vite. Nelson non rimarrà che pochi giorni a Napoli, ma saranno sufficienti per rimanere stregato da questa giovane donna che non dimenticherà mai più. Emma è appena diventata la moglie di un Lord di trentacinque anni più vecchio di lei, un uomo colto e grande collezionista di antichità greche e romane che arricchiscono insieme a quadri del Tintoretto, Tiziano e Raffaello il suo splendido palazzo napoletano, da cui si gode una vista unica sul golfo. "Ai piedi il mare, in faccia Capri, a destra Posillipo [...] più in là la costiera di Sorrento fino al capo Minerva. È ben difficile, almeno in Europa, che si possa trovare un posto simile": la descrizione ammirata è di Johann Wolfgang Goethe, che nel suo viaggio in Italia è stato ospite a casa Hamilton, uno dei luoghi più ambiti dagli artisti che all'epoca affrontavano il *grand tour* per conoscere le bellezze del nostro Paese. Ma Goethe non ammira solo il paesaggio e i preziosi reperti archeologici del Lord, la sua penna si esprime con altrettanto entusiasmo per un'altra bellezza, forse il "pezzo" più pregiato della collezione di Lord Hamilton: sua moglie Emma.

Lady Hamilton non intratteneva gli ospiti del suo salotto solo con argute conversazioni e raffinati pranzi, ma era celebre per delle rappresentazioni teatrali orchestrate dal marito chiamate all'epoca *attitudes*. La donna, di una bellezza leggendaria, si esibiva in quelle che oggi potremmo definire delle performance in cui, vestita solo di una leggera tunica e di uno scialle, interpretava figure mitiche del mondo classico inscenando una serie di *tableaux vivants* per la gioia di un pubblico incantato. Ecco come la descrive fedelmente Goethe: "In piedi, a ginocchi, seduta, sdraiata, seria, triste, maliziosa, sfrenata, contrita, provocante, minacciosa, angosciata... Per ogni espressione ha l'arte di scegliere le pieghe dello scialle, di cambiarle e di far cento diverse acconciature del capo con gli stessi nastri". Mentre il Lord, regista occulto di queste esibizioni, tiene in mano una candela per creare i giusti effetti di luce sulla scena. Sono serate memorabili a cui tutto il bel mondo vuole assistere, compresa la corte borbonica al completo dei suoi sovrani, di cui i coniugi Hamilton sono amici intimi e preziosi confidenti. Addirittura si vocifera che la regina Carolina abbia una *liaison* amorosa con la conturbante Emma, ma si sa, il pettegolezzo è l'anima di ogni salotto che si rispetti, e Lady Hamilton è una donna troppo speciale per non attirare su di sé ogni tipo di attenzione.

Il fascino di Emma non è conservato solo nelle memorie e nei report di viaggio dei suoi contemporanei, ma è rimasto alla storia attraversando i secoli, immortalato nelle opere di una serie di famosi artisti che l'hanno scelta come modella e ci hanno restituito, come in delle moderne istantanee, i suoi tratti classici illuminati da una pelle bianca come il latte, i grandi occhi viola e una sontuosa capigliatura color mogano che le adorna come un mantello il corpo morbido e sensuale. La ritrae anche Louise-Elisabeth Vigée-Lebrun, la pittrice più amata da Maria Antonietta, giunta a Napoli in quegli anni per sfuggire ai furori della Rivoluzione francese. L'artista la dipinge come una dea greca e come la Sibilla Cumana, ma il ritratto più famoso conservato oggi al National Museum di Liverpool ci mostra Emma nei panni di una sensuale Baccante che suona un tamburello incoronata da tralci di uva matura: un'immagine che esalta tutta la sua gioiosa fisicità. Vigée-Lebrun, assidua frequentatrice delle corti d'Europa, seppur incantata dalla perfetta bellezza di Emma non le risparmia commenti acidi nelle sue corrispondenze, giudicandola una *parvenu* incolta che prova a fare la Lady raffinata. E non ha tutti i torti perché Emma, nonostante le lezioni di Lord Hamilton, suo mentore e pigmalione, non nasconde le umili origini di donna del popolo che, secondo gli estimatori, non fanno che accrescere il suo irresistibile charme.

La Lady che adesso allieta con il suo carisma le serate napoletane nasce nel 1765 a Ness, un piccolo villaggio del Nord d'Inghilterra, da un maniscalco analfabeta che muore quando la bambina ha solo pochi mesi. Amy, questo è il suo vero nome, conduce una vita di stenti vendendo carbone e dormendo spesso per strada, insieme alla poverissima madre che infine, spinta dalla disperazione, decide di spostarsi con la piccola a Londra per cercare fortuna. Un inizio degno di un romanzo di Charles Dickens che non fa presagire niente di buono per la sventurata fanciulla, sicuramente destinata alla prigione o, peggio, alla morte prematura dopo terribili sofferenze. Ma Amy farà di tutto per ribaltare questa prevedibile trama grazie a un innato talento per la sopravvivenza e a una bellezza impertinente che sta sbocciando come un fiore esotico tra le rovine della sua vita. Dopo aver lavorato come sguattera, cameriera e bambinaia, la ragazza incontra James Graham, uno strano personaggio che si definisce "dottore in sessuologia", ma in realtà è un simpatico ciarlatano che gestisce un sedicente "tempio della salute" e millanta cure miracolose contro l'infertilità delle coppie. Il suo ritrovato di maggior effetto è una specie di letto elettromagnetico dove fa dormire i pazienti desiderosi di procreare per la modica somma di cinquanta pound a notte. La cura prevede piccole scosse elettriche tra le lenzuola e una non meno elettrizzante performance danzante della "dea della salute", interpretata con professionalità da Amy, che grazie a questa bizzarra terapia erotica comincia ad affinare le sue qualità di intrattenitrice a pagamento. La storia ci insegna che non sono tante le strade possibili per una ragazzina costretta a crescere in miseria nella Londra di fine Settecento, e Amy si arrangia come può. Il passo successivo prevede un ingaggio da cameriera nel cottage del Sussex del nobile Sir Harry Fetherstonhaugh, ma più che servire il pranzo Amy delizia i clienti ballando senza veli sui tavoli del ristorante; possiamo definirlo un impiego a metà tra ragazza immagine e spogliarellista, che si conclude inevitabilmente con una relazione amorosa con il proprietario del locale. Tuttavia il Sir è più attratto dalla caccia e dalle bevute con gli amici che dalla sua amante, e neanche si accorge che Amy si innamora, stavolta corrisposta, di un altro nobile, il conte Charles Francis Greville. Ma qui la situazione si complica, perché la ragazza scopre di essere incinta del suo datore di lavoro, che naturalmente rifiuta di riconoscere il figlio e la mette senza scrupoli alla porta. Amy ha sedici anni, aspetta un bambino e non ha nessuna prospettiva: basterebbe anche meno per gettarsi nel Tamigi, ma la ragazza non si perde d'animo e scrive una lettera accorata al suo nuovo amore per chiedergli protezione.

Il conte Greville è più generoso del suo predecessore e la sistema in una casetta, ma in cambio chiede alla fanciulla di dare subito il bambino in adozione e cambiare nome per evitare ogni pettegolezzo che possa oscurare la sua posizione sociale. Amy sa bene che le donne nubili hanno una terribile propensione alla povertà, e si adegua senza battere ciglio alle condizioni del suo protettore. Da questo momento diventa Emma Hart, una nuova identità per affrontare una nuova vita, già la terza o la quarta che ha intrapreso da quando ha visto la luce.

In un mondo ideale questa relazione amorosa avrebbe potuto trasformarsi in un tranquillo matrimonio, ma il conte Greville è pieno di debiti e per risanare la sua situazione finanziaria ha bisogno di sposare un'ereditiera che risolva i suoi problemi e non certo la bellissima Emma che, per quanto si sia raffinata frequentando l'alta società londinese, rimane sempre una spiantata.

E allora come disfarsi di questa dolce fanciulla che è diventata d'ingombro? Semplice, basta regalarla a qualcun altro che non potrà rifiutare questa squisita cortesia. E così Emma, come un pacco-dono, viene spedita a Napoli dallo zio di Greville, che è appena rimasto vedovo e che gradirà senz'altro questo amabile pensiero. Nessuno si è curato di chiedere un parere alla diretta interessata, ma Emma è troppo intelligente per non capire che la sua sopravvivenza è appesa a un filo, e non può certo opporsi a questo "cambio di proprietà" che però le permetterà ancora una volta di mettersi in salvo dalle incertezze della sua vita burrascosa. Lord William Hamilton, da vero gentleman, non rifiuterà il regalo ma anzi, come abbiamo visto, si appassionerà talmente a questo nuovo "pezzo" della sua ricca collezione che farà di tutto per raffinarlo, intuendo le straordinarie doti di apprendimento della giovane creatura che gli è piovuta dal cielo. Emma dal canto suo ha una gran voglia di migliorare: in poco tempo impara perfettamente a parlare francese e italiano, e si appassiona a ogni disciplina artistica, dalla musica alla letteratura, compiendo l'ennesima metamorfosi della sua vita. Viene da chiedersi che destino avrebbero avuto tante ragazze nate in povertà se avessero potuto avere libero accesso a scuole pubbliche e istruzione gratuita, ma è una domanda retorica che ci porta fuori da questa storia avvincente.

Lord Hamilton è così soddisfatto dei risultati del suo lavoro di educatore che, in un guizzo di eccentricità inglese, nel 1791 decide addirittura di sposare la sua Emma trasformandola definitivamente in Lady Hamilton. Ne è passata di acqua sotto i ponti da quando la piccola Amy vendeva carbone per le strade di Ness ma, nonostante la sua nuova posizione altolocata, non sarà per sempre al riparo dalle turbolenze della vita.

Quando l'ammiraglio Nelson torna per la seconda volta a Napoli, nel 1798, ha conquistato definitivamente la gloria ma ha perso un occhio e un braccio nelle battaglie che l'hanno visto trionfare sul nemico francese. Napoleone non fa sconti: l'eroe inglese ha il compito di portare in salvo la corte borbonica minacciata dai rivoluzionari, e la nostra Lady svolge un delicato compito di consigliera e mediatrice organizzando con il marito questa fuga rocambolesca. Nottetempo, insieme a centinaia di bauli carichi di tutto quel che di prezioso sono riusciti a portarsi via, i coniugi Hamilton e i sovrani del Regno di Napoli salgono sulla *Vanguard* di Nelson e fanno rotta verso Palermo. La scintilla tra Emma e Horatio è già scoccata, e da quel momento i due diventeranno inseparabili. L'ammiraglio è un uomo ferito nel corpo e indurito nell'animo da una vita di battaglie e trova in Emma la consolazione dell'età matura. Lei lo ammira, lo sprona e lo conforta, e gli dà anche una figlia che in uno slancio di romanticismo chiameranno Horatia. E Lord Hamilton? Il vecchio nobile abbozza e non si mette di traverso, accettando questo strano *ménage à trois* che ormai è sulla bocca di tutti; tuttavia in punto di morte si vendicherà cancellando totalmente la moglie dal testamento. Ma che importanza può avere per Emma? Ormai è una donna felice, che ama ed è riamata dall'uomo più importante d'Inghilterra. Nelson per lei ha lasciato la moglie e ha comprato un'idilliaca residenza di campagna, Paradise Merton, un vero paradiso che ha arredato con decine di ritratti della sua adorata compagna: addirittura ha ricomprato la tela della Baccante di Elisabeth Lebrun che era finita all'asta, per averla sempre con sé appesa sopra il suo letto. Quando è costretto a partire per i suoi incarichi le scrive lettere appassionate come un adolescente rapito dai sentimenti: "Voi, mia adorata Emma, e il mio Paese siete le due cose più care al mio cuore innamorato. Non potete immaginare [...] i sentimenti che provo all'idea di fare l'amore con voi". Ma la patria non lo lascia tranquillo a godersi le gioie di questa nuova vita, l'Inghilterra ha ancora bisogno di lui e lo chiama per un'ultima missione contro la flotta franco-spagnola. L'ammiraglio obbedisce, ma ha un presentimento e aggiunge un codicillo al testamento per proteggere Emma e la loro bambina nello sventurato caso in cui la morte lo colga in battaglia. Sa che l'opinione pubblica disapprova la sua relazione extraconiugale con una donna dalla reputazione non proprio integerrima, e non ha nessuna fiducia nella generosità della Corona britannica che, malgrado lui fosse un eroe pluridecorato, aveva fatto di tutto per cancellare la macchia di questo peccato amoroso.

Il resto è storia: il 21 ottobre del 1805 la flotta britannica sbaraglierà le navi del nemico nella leggendaria battaglia di Trafalgar al largo di Gibilterra e l'ammiraglio Nelson, ferito a morte, seguirà fino all'ultimo respiro le sorti di una vittoria che aveva preparato con una delle sue più geniali strategie militari. Emma è distrutta dal dolore e, come previsto, è subito etichettata come indesiderata dal gotha militare e politico, che non le permette neanche di partecipare al funerale del suo amato.

La donna che aveva sempre lottato con impetuosa energia contro ogni traversia della vita si sente perduta e non riesce più a reagire all'amarezza del destino. Ha compiuto quarant'anni e la sua proverbiale bellezza la sta abbandonando, ma soprattutto non possiede più quell'esuberante *joie de vivre* che l'ha sempre accompagnata nelle imprese più difficili. In poco tempo tutti le girano le spalle, il testamento di Nelson viene clamorosamente disatteso ed è costretta a vendere la casa di campagna con tutti i suoi ricordi, compresa l'amata divisa pluridecorata del suo Horatio. La arrestano per debiti e anche la figlia la disconosce, l'Inghilterra le è diventata ostile, e umiliata e sola per sfuggire ai creditori si rifugia a Calais, dove morirà alcolizzata poco prima di compiere cinquant'anni, condannata dai pregiudizi e dall'ostilità del bel mondo che lei aveva illuminato con la sua bellezza e la sua vivacità. Un finale crudele, che sicuramente non meritava.

Per ironia della sorte adesso i suoi ritratti sfiorano quotazioni stellari nelle aste di tutto il mondo, e nel 2003 una delle più appassionate lettere del suo adorato Nelson è stata venduta da Christie's a Londra per l'incredibile cifra di 117,250 sterline. "Non faccio che sognarti, mia adorata, e di notte mi sveglio più di venti volte pensando a te... In uno dei miei sogni mi hai preso tra le braccia e mi hai sussurrato: 'Non amo che te, mio Nelson'. Io ti ho baciata appassionatamente e abbiamo gioito delle più alte vette dell'amore."

Le parole d'amore ancora oggi non hanno prezzo.

ΕΡΕΣΙΑ

IPAZIA

Rosa Song of the Stars (Canzone delle Stelle), rarissima gallica a fioritura unica creata nel 2001 da Paul Barden. I fiori sono semidoppi, con vistosi stami dorati, e sbocciano riuniti in piccoli gruppi. I petali sembrano tanti cieli stellati in miniatura di un viola scuro a puntini color malva. I fiori hanno un moderato profumo speziato.

Il pregiudizio che teorizza la presunta superiorità del cervello maschile su quello femminile arriva da molto lontano, se pensiamo che già il grande filosofo Aristotele considerava la femmina un "maschio mancato", argomentando con dettagliati sillogismi che le donne "sono per natura più deboli [...] e si deve supporre che la natura femminile sia al pari di una menomazione".

Sono passati più di duemila anni, ma ancora oggi brillanti accademici ritengono che lo studio considerato il più altolocato, quello scientifico, non sia adatto alle donne per i soliti motivi "naturali", e allora possiamo immaginare come i contemporanei giudicassero Ipazia, nata in Egitto nel IV secolo dopo Cristo: una donna che volle diventare a tutti i costi matematica, astronoma e filosofa. Ci riuscì così bene che a soli trentun anni non solo diventò responsabile della Scuola neoplatonica di Alessandria, ma fu capace di raccogliere intorno a sé proseliti e studenti che la consideravano un'autorità indiscussa e un punto di riferimento fondamentale per la cultura dell'epoca. Dalla sua, la giovane scienziata ha avuto un vantaggio non indifferente nella figura di un padre sicuramente più "liberale" di Aristotele, che sin da piccola le aveva permesso di studiare e coltivare le sue passioni. La fortuna ha voluto che fosse la figlia di Teone di Alessandria, un grande matematico che dirigeva la più famosa accademia del mondo antico, il Museion, dove la piccola Ipazia trascorreva le giornate tra i papiri scientifici invece che a giocare con le bambole come le sue coetanee (c'erano già le bambole, le più ambite d'avorio, per tutte le altre in semplice legno). In poco tempo, sotto gli occhi compiaciuti di questo genitore all'avanguardia, Ipazia si trasforma in una brava matematica risolvendo equazioni e problemi sempre più complessi, ma allarga il suo campo di conoscenze anche alla filosofia e all'astronomia, materie che poi nel suo insegnamento saranno indivisibili. Purtroppo molti dei suoi scritti sono andati perduti nell'incendio della Biblioteca del Museion, ma sono rimaste testimonianze delle sue scoperte e delle sue sperimentazioni nelle opere del padre e nei fitti carteggi con altri scienziati del tempo. Ipazia sviluppò nuove teorie rivoluzionarie sul movimento dei pianeti anticipando la prima legge di Keplero sulle orbite ellittiche e intuì anzitempo che c'era qualcosa che non andava nella teoria geocentrica, precorrendo gli studi che porteranno, secoli dopo, alla rivoluzione copernicana. Ipazia era bella, ma ai suoi numerosi corteggiatori preferiva il misterioso movimento del cielo, che passava notti intere a studiare, come ricorda questo epigramma del poeta Pallada a lei dedicato: "Quando ti vedo mi prostro davanti a te e alle tue lezioni, / levando lo sguardo alla casa celeste della Vergine. / Perché verso il cielo sono rivolti i tuoi interessi, / Ipazia sacra, bellezza del ragionamento, / astro incontaminato della cultura sapiente".

Questa passione per i corpi celesti la portò a perfezionare un nuovo modello di astrolabio, un antico strumento che riusciva a localizzare e addirittura a predire la posizione delle stelle e calcolare le fasi dello zodiaco. Ma oltre a questa intelligenza brillante Ipazia possedeva soprattutto un carisma innato e credeva fortemente nella divulgazione della cultura; secondo la scienziata era necessario diffondere il sapere al popolo e non tenerlo relegato nel chiuso delle accademie: a questo scopo teneva lezioni nella sua casa sempre affollatissima, ma anche in strada tra la gente comune o nei simposi più importanti della città, indossando con naturalezza il "tribon", il mantello simbolo dei filosofi. Così la ricorda lo storico Socrate Scolastico, suo contemporaneo: "Per la magnifica libertà di parola e di azione che le veniva dalla sua cultura, accedeva in modo assennato anche al cospetto dei capi della città e non era motivo di vergogna per lei lo stare in mezzo agli uomini: infatti, a causa della sua straordinaria saggezza, tutti la rispettavano profondamente e provavano verso di lei un timore reverenziale".

E furono proprio questo grande successo e il forte seguito che suscitavano le sue idee a determinare la sua condanna. Dopo l'editto di Tessalonica del 380 d.C. ad Alessandria erano già stati demoliti i templi pagani e ogni altro simbolo della vecchia religione in favore del cristianesimo, che era diventato l'unico credo ammesso nell'Impero. Ma Ipazia, come scrive secoli più tardi il filosofo Blaise Pascal, rimaneva ancora "l'ultimo fiore meraviglioso della gentilezza e della scienza ellenica". Avevano provato ad ammansirla offrendole finanziamenti e sovvenzioni per la sua scuola, chiedendole in cambio di convertirsi al cristianesimo, ma il rifiuto di Ipazia era stato limpido e perentorio: "Se mi faccio comprare, non sono più libera. E non potrò più studiare. È così che funziona una mente libera: anch'essa ha le sue regole". L'indipendenza intellettuale da dogmi e religioni era l'unica legge riconosciuta da Ipazia: d'altronde, cos'altro avrebbe mai potuto rispondere l'erede della scuola alessandrina, la più importante comunità scientifica della storia, dove si erano formati Archimede ed Euclide e decine di scienziati che avevano fondato le basi della ricerca moderna? Già nei concili di Cartagine la censura ecclesiastica aveva proibito lo studio dei filosofi e impedito alle donne l'accesso alle scuole di ogni indirizzo, ed era chiaro che le alte sfere del nuovo potere clericale non vedessero di buon occhio una donna che metteva in discussione non solo le teorie scientifiche dell'epoca ma la religione stessa, argomentando le sue ragioni con una tale intelligenza e capacità oratoria da lasciare tutti a bocca aperta. La giovane scienziata rappresentava la quintessenza della donna diabolica, e bisognava impartirle una lezione plateale che scoraggiasse chiunque a seguire il suo esempio. La sua fine fu straziante e crudele, ordinata espressamente dal vescovo Cirillo, fatto santo poi dalla Chiesa. A raccontarcela nella sua crudezza è sempre Socrate Scolastico: "Un gruppo di cristiani dall'animo surriscaldato, guidati da un predicatore di nome Pietro, si misero d'accordo e si appostarono per sorprendere la donna mentre faceva ritorno a casa. Tiratala giù dal carro, la trascinarono fino alla chiesa che prendeva il nome da Cesario; qui, strappatale la veste, la uccisero usando dei cocci. Dopo che l'ebbero fatta a pezzi membro a membro, trasportati i brandelli del suo corpo nel cosiddetto Cinerone, eliminarono ogni traccia bruciandoli".

Più che condannata a morte, Ipazia è stata annullata dalla faccia della Terra con una ferocia che ci fa comprendere quanto fosse pericolosa per la nuova ideologia fondamentalista una scienziata che professava il libero pensiero. E, dopo aver cancellato il suo corpo, per secoli hanno cercato di polverizzare o travisare la sua memoria; ancora nel VII secolo d.C., Giovanni, vescovo di Nikiu, parlava della morte di Ipazia come di un alto atto di giustizia nei confronti di una maga che aveva sedotto il popolo con "inganni satanici".

La caccia alle streghe era solo all'inizio e la storia di Ipazia, per la sua vita straordinaria ma soprattutto per la sua tragica morte, non poteva che trasformarsi nel tempo in un mito leggendario. Come ha scritto Margherita Hack: "La vicenda di Ipazia ci insegna ancora oggi quale e quanto pervicace possa essere l'odio per la ragione e il disprezzo per la scienza. Con il suo sacrificio comincia quel lungo periodo oscuro in cui il fondamentalismo religioso tenta di soffocare la ragione". Periodo purtroppo di cui non si riesce mai a vedere la fine e che, a seconda delle epoche, assume nuove e inquietanti minacce. Ma la figura di Ipazia, dopo secoli di storia, non è stata cancellata come speravano i suoi feroci assassini: nel Settecento fu finalmente recuperata dagli illuministi come simbolo del libero pensiero, ossequiata nei libri di poeti e filosofi, e oggi si è trasformata in un nume tutelare per tutte le donne che, sfidando stereotipi e pregiudizi, intraprendono lo studio di quelle diaboliche materie che indagano le misteriose regole della scienza. Si chiama infatti Ipazia il progetto internazionale dell'Unesco varato per valorizzare e favorire progetti e percorsi delle scienziate che da sempre devono affrontare battaglie e sacrifici per affermarsi nel loro lavoro, dove la percentuale di donne che riescono a emergere e a ricevere riconoscimenti è sempre inferiore al talento messo in campo.

Da grande appassionata della volta celeste, la nostra scienziata alessandrina forse sarebbe felice di sapere che, per onorarla, sono stati chiamati con il suo nome asteroidi, frammenti di cometa, vallate e crateri lunari, e anche un piccolo spazio verde a Tor Sapienza, a Roma. È il Giardino Ipazia d'Alessandria, dove non sfigurerebbe la rosa che le abbiamo dedicato.

RIVOLTA FEMMINILE
«Le donne saranno sempre divise le une dalle altre? Non formeranno mai un corpo unico?» (Olympe de Gouges, 1791).
La donna non va definita in rapporto all'uomo. Su questa coscienza si fondano tanto la nostra lotta quanto la nostra libertà.
L'uomo non è il modello a cui adeguare il processo della scoperta di sé da parte della donna.
La donna è l'altro rispetto all'uomo. L'uomo è l'altro rispetto alla donna. L'uguaglianza è un tentativo ideologico per asservire la donna a più alti livelli.
Identificare la donna all'uomo significa annullare l'ultima via di liberazione.
Liberarsi, per la donna, non vuol dire accettare la stessa vita dell'uomo perché è invivibile, ma esprime il suo senso dell'esistenza.
La donna come soggetto non rifiuta l'uomo come soggetto, ma lo rifiuta come ruolo assoluto. Nella vita sociale lo rifiuta come ruolo autoritario.
Finora il mito della complementarità è stato usato dall'uomo
giustificare il proprio potere.
Le donne sono persuase fin dall'infanzia a non prendere
e a dipendere da persona «capace» e «responsabile»: il
marito, il fratello...
L'immagine femminile con cui l'uomo ha interpretato
è stata una sua invenzione.
Verginità, castità, fedeltà, non sono virtù; ma vincoli
re e mantenere la famiglia. L'onore ne è la conseguente
repressiva.
Nel matrimonio la donna, privata del suo nome
identità significando il passaggio di proprietà che
padre di lei e il marito.

CARLA LONZI

Rosa Revolucion, arbustiva creata da Barni nel 2010. I suoi fiori hanno le stesse tonalità di una fiamma: un audace miscuglio di arancio intenso, giallo e bianco. Il loro colore resiste molto bene al sole ed è ancora più scuro e brillante nei fiori autunnali. Piantata in gruppo si presta bene alla creazione di vivaci macchie di colore all'interno di giardini e parchi.

È una bambina particolare. Nasce nel 1931, a Firenze, primogenita di una famiglia medio-borghese: suo padre, Agostino, è un artigiano, e la madre, Giulia Matteini, una maestra. Ha solo nove anni quando decide di staccarsi dalla famiglia per andare a vivere da sola al collegio di Badia di Rivoli. I genitori non possono fare altro che assecondarla, e capiscono subito che con Carla non sarà vita facile. La sua è una ricerca di autonomia precoce, che viene interrotta solo perché, dopo tre anni, il padre sceglie di riaverla a casa. Carla continua gli studi ottimamente: frequenta il liceo classico Michelangelo di Firenze, nel 1950 si iscrive a Lettere, soggiorna a Parigi, poi a Roma e, infine, rientrata nel capoluogo toscano, si laurea con lode. A Roberto Longhi, il mitico storico dell'arte a cui si deve la riscoperta di Caravaggio, non sfuggono le qualità della ragazza e le propone di pubblicare la tesi per permetterle di iniziare la carriera accademica. Carla rifiuta, e non sarà né la prima né l'ultima volta che, nel suo percorso intellettuale ricco e complesso, dirà di no pur di poter andare alla ricerca di se stessa. La ragazza è fatta così, e non è facile contraddirla. C'è riuscito solo una volta l'editore De Donato quando rifiutò una proposta di Carla per la copertina del suo primo libro *Autoritratto*. L'autrice desiderava una foto di santa Teresa di Lisieux scattata mentre interpretava Giovanna d'Arco in catene durante una recita nel suo convento nel 1895. Una proposta forte, che lui apostrofò come "una goffaggine tipicamente femminile". Peccato per questa miopia editoriale, perché Carla invece vi si identificava pienamente: «Era l'immagine esatta del mio autoritratto». La vita di santa Teresa era stata una delle sue letture preferite fin da ragazza, e questa passione non entra in collisione con la sua storia di femminista totale; anzi, grazie alle riflessioni di Carla Lonzi comprendiamo quanto la vita delle sante come Teresa, dedicate a un'introspezione profonda, sia una strada potente per acquisire quella coscienza di sé che le pioniere del pensiero femminile cercavano di inaugurare. La clausura come luogo mitico di separazione di donne che si sottraggono al mondo per creare il proprio ordine, sia sociale che simbolico, si trasforma in un'ispirazione elevata per quel separatismo femminista che Carla teorizzerà anni dopo.

È a Roma dopo la laurea che Carla conosce Mario Lena, chimico industriale e sindacalista, con cui nel 1958 si sposa e ha un figlio, Battista, ma sarà invece a Milano, negli anni immediatamente successivi al matrimonio, che la sua professione di critica d'arte si consolida. A non andare bene, invece, è il suo matrimonio, e nel 1961 Carla conosce Pietro Consagra che, tra alti e bassi, sarà il suo compagno per tutta la vita. Intanto, Carla intervista una serie di artisti: tra gli altri, Jannis Kounellis, Lucio Fontana, Carla Accardi, incontri raccolti nel volume *Autoritratto* del 1969. Per le sue interviste usa un metodo bizzarro, quello del registratore a bobine: e, quando sbobina, Carla trascrive tutto, anche le pause e le incertezze, alla ricerca dell'autenticità della persona con cui dialoga. Quando interromperà, almeno ufficialmente, l'attività di critica d'arte, definendolo un "mestiere fasullo", è forse anche perché le importa sempre meno dell'opera e sempre di più della verità e della singolarità dell'artista. Capisce che è inutile continuare ad agire in un sistema dove parametri e valori sono frutto di pregiudizi secolari e comincia il suo percorso alla ricerca di un'"autenticità" femminile.

In questi anni Carla si sente sempre più lontana dalla cultura ufficiale e comincia a esplorare un altro modo di indagare il sapere, incentrato da sempre solo su un patrimonio maschile che ha operato nel tempo la sistematica cancellazione di ogni sguardo femminile. È su questa scia che decide di aderire al nascente femminismo e, anche qui, è una figura d'avanguardia. Carla precede quasi tutto il movimento europeo, sia per risultati teorici sia per pratiche politiche. Tra il 1969 e il 1970, con Carla Accardi ed Elvira Banotti, è fondatrice di Rivolta femminile, uno dei primi gruppi in Italia del cosiddetto nuovo femminismo. "Il femminismo mi si è presentato come lo sbocco tra le alternative simboliche della condizione femminile, la prostituzione e la clausura: riuscire a vivere senza vendere il proprio corpo e senza rinunciarvi."

Chi l'ha conosciuta parla di lei come di un magnete, di un centro propulsore. La "rivolta" è ovviamente la rivolta delle donne e infatti, in ordine di tempo, Rivolta femminile è anche il primo gruppo separatista italiano, cioè riservato a sole donne. Nel 1970, con Accardi e Banotti, scrive il *Manifesto di Rivolta femminile* e, alla fine dello stesso anno, *Sputiamo su Hegel*. Sono due testi rivoluzionari, in cui Carla e le altre, con una scrittura secca e decisa, invitano le donne a non essere più "pensate" da altri e a pensarsi, invece, da sé. "Il destino imprevisto del mondo sta nel ricominciare il cammino per percorrerlo con la donna come soggetto." Un bell'imprevisto per una società che per secoli si era fondata sull'opposto. Ma è possibile spezzare questo ininterrotto monologo del patriarcato? Carla Lonzi, avanti anni luce, propone nel suo *Manifesto* il concetto di differenza sessuale, affermando che non ci può essere libertà né pensiero autonomo per la donna senza una presa di coscienza della differenza. "La donna non va definita in rapporto all'uomo [...] L'uomo non è il modello a cui adeguare il processo della scoperta di sé da parte della donna. La donna è l'altro rispetto all'uomo. L'uomo è l'altro rispetto alla donna." Quello che sembra il frutto di una logica limpida e indiscutibile si trasforma invece in un boato nel mondo conservatore di quegli anni, e naturalmente crea scalpore e molte polemiche. Per non parlare dell'indignazione degli intellettuali di sinistra, anche loro smascherati nel loro quotidiano esercizio del patriarcato.

Per Carla l'unica possibilità per riconquistare un pensiero autonomo è scardinare i totem della psicanalisi, del cattolicesimo e del marxismo che in comune hanno "la considerazione della donna come un essere sussidiario e complementare". Analisi rivoluzionarie che oggi dovrebbero essere un dato di fatto, ma che invece sono ancora quotidianamente minacciate da una lente deformante che continua a riflettere l'immagine della donna attraverso uno sguardo maschile, come dimostra anche la deriva sessista dei social network in cui le nuove generazioni sono fatalmente immerse.

Ma all'epoca, quando Carla scriveva, queste considerazioni erano a dir poco dirompenti: siamo ancora nell'Italia che sta lottando per conquistare i diritti civili più elementari come il divorzio, che passerà nel 1970, mentre la riforma del diritto di famiglia (che, per esempio, metteva fine alla "patria potestà" introducendo la responsabilità condivisa dei due coniugi) arriverà solo cinque anni dopo. È nel 1971 che Carla pubblica *La donna clitoridea e la donna vaginale*, in sintesi un colpo definitivo a tutta la filosofia e alla psicanalisi del Novecento che con la celeberrima teoria freudiana dell'invidia del pene aveva ingabbiato per decenni la sessualità femminile subordinandola totalmente a quella maschile. Carla libera definitivamente il piacere femminile restituendogli creatività e autonomia, e anche di questo le siamo eternamente grate.

Tuttavia, quasi a voler sfuggire a ogni etichetta, Carla cambia ancora rotta e nel 1973 acquista in Toscana il podere di Turicchi, la sua "dimora per sempre", dove scrive *Taci anzi parla. Diario di una femminista*, quasi millecinquecento pagine di un diario intimo che fa molta fatica a pubblicare; ma, diceva, "da qualche parte bisogna pur cominciare a demolire le false identità che stanno appiccicate alle donne". Il libro è il frutto della sua personale autocoscienza, pratica di cui è pioniera insieme al gruppo di Rivolta femminile: un rivoluzionario esercizio di autoconsapevolezza che diventerà uno degli strumenti più importanti del femminismo. Finalmente le donne parlano in prima persona ad altre donne senza filtri né intermediari, obbligandosi a una introspezione che libera da ogni tabù e inibizione. La condivisione delle proprie storie con altre donne crea quella solidarietà necessaria per ricostruire la propria identità, e trasforma quella che era considerata una debolezza privata in una nuova forza politica. All'epoca gli uomini erano terrorizzati da queste riunioni femminili da cui erano esclusi, a riprova che il metodo era sicuramente efficace.

Ma nel cammino della sua introspezione quasi spietata Carla non pubblica invece *Gelosia*, il diario che aveva tenuto dopo che Pietro Consagra le aveva chiesto di accettare la presenza di un'altra donna nella loro vita "disposta a prendersi cura di lui e del suo studio". Quando il suo compagno le chiede di "aprire" il rapporto, come si usava in quegli anni di sperimentazioni, Carla in un primo momento accetta, prova a adeguarsi anche se si sente umiliata. "Con un uomo non puoi trattare perché poi tanto trova sempre una donna che supplisce dove tu lo metteresti alla prova." Per darsi forza ancora una volta, si immerge nella scrittura di questo nuovo diario, ma alla fine non riesce a pubblicarlo. Per elaborare questo dolore scrive invece *Vai pure*: un libro insolito che mette nero su bianco la registrazione di quattro giornate "del momento di riepilogo di una relazione sui punti inconciliabili di due individui". Carla e il suo compagno mettono a nudo senza pietà la fine della loro storia, offrendo al pubblico un saggio sulla vita di coppia e sul rapporto uomo-donna lacerato da insormontabili contraddizioni. Il risultato è un testo che ancora oggi potrebbe essere una straordinaria e moderna pièce teatrale.

Negli ultimi anni della sua vita Carla Lonzi intraprende una nuova ricerca storico-letteraria ponendosi l'annosa domanda: sono mai state scritte storie di donne che non si affidano agli uomini per pensare? Trova *Les Précieuses ridicules* di Molière, una commedia in cui vengono prese in giro le aristocratiche che nel Seicento francese avevano sperimentato la pratica dell'incontro e del dialogo tra sole donne. Tra loro si chiamavano "*ma précieuse*", dandosi stima e fiducia l'una con l'altra; senza, in altre parole, doverle attendere da un uomo. Le Preziose, malgrado il feroce sarcasmo del loro autore, diventano per Carla un simbolo di autenticità: le donne possono creare un ordine sociale in cui non solo non sono sottomesse a nessuno ma, anzi, si danno forza a vicenda.

Una malattia portò via Carla a soli cinquantuno anni, ma il punto fondamentale che questa valorosa ci lascia in eredità è tanto semplice quanto enorme: il mondo si può cambiare a partire da se stesse.

Ci sono bibliotecarie pronte a giurare che oggi i suoi libri vengono consultati dalle giovani donne più spesso di quanto si creda. Ma anche se non abbiamo mai letto i suoi saggi, le siamo tutte debitrici, perché molecole preziose delle sue idee si sono sparse nell'aria e per fortuna continuiamo a respirarle nonostante i revisionismi che vorrebbero costringerci a continui passi indietro. Se le donne per millenni non hanno avuto presenza sociale, pensarle libere è già rivoluzionario.

Carla Lonzi, non solo con i suoi scritti ma con la sua vita intera, continua a incoraggiare e autorizzare le donne di tutto il mondo a quello che lei chiama "l'imprevisto". E imprevedibilmente l'unica rivoluzione che sta vincendo, tra le tante annunciate nel secolo scorso, è proprio quella della liberazione femminile. E siamo ancora solo agli inizi.

ALFRED NOBEL
for 2004
POLICE

WANGARI MUTA MAATHAI

Rosa Green Planet (Pianeta Verde), ibrido di tea utilizzato soprattutto dai fioristi, prodotto in Olanda nei vivai Jan Spek nel 2002. I fiori sono classici nella forma ma hanno due caratteristiche molto insolite: sono costituiti da petali dai bordi ondulati e sono di un intenso giallo-verde che diventa decisamente verde limone sui bordi.

"Sono le piccole cose a fare la differenza.
La piccola cosa che faccio io è piantare alberi."

«Troppo istruita, troppo forte, troppo di successo, troppo testarda e troppo difficile da controllare»: è questo il giudizio lapidario del marito di Wangari Maathai durante la causa di divorzio intentata contro la moglie. Il giudice gli ha dato ragione, e quando Wangari si è permessa di definirlo pubblicamente un incompetente, è stata sbattuta in carcere per sei mesi per offesa alla corte.

Questo aneddoto non sarebbe mai giunto fino a noi se Mrs Maathai non fosse stata insignita del premio Nobel per la Pace nel 2004, la prima donna africana a conquistare questa alta onorificenza. Ma testarda Wangari lo era davvero, o meglio "un'indomabile forza della natura", come l'ha definita Achim Steiner, il direttore del Programma per l'Ambiente delle Nazioni Unite, paragonandola a un albero africano di acacia: forte di carattere e capace di sopravvivere nelle condizioni più difficili. E sicuramente questa similitudine deve averle fatto piacere, perché

Wangari nutre una profonda venerazione per gli alberi della sua amata Africa: "Sono una figlia della terra, e gli alberi sono stati la mia vita" è il suo mantra preferito, e nella sua coraggiosa vita ha piantato e incoraggiato più di centomila donne a piantare milioni di alberi in Kenya tramite il Green Belt Movement, un'associazione che ha fondato nel 1977 per salvaguardare e difendere l'ecosistema africano minacciato dalla deforestazione selvaggia e dallo sfruttamento intensivo della terra. "Le persone non si rendono conto di quanto la loro sopravvivenza dipenda dall'ecosistema, e di quanto questo sia fragile."

Ma il primo albero Wangari lo ha piantato quando era ancora una bambinetta vicino alla sua capanna di fango, a Ihithe, nella regione montuosa del centro del Kenya, dove è nata nel 1940 da una famiglia di Kikuyu che viveva lì da molte generazioni. Allora l'educazione dei figli prevedeva principalmente la conoscenza del territorio e la coltivazione dell'orto, fonte principale di sostentamento degli abitanti del villaggio. Quando Wangari ricorda la propria infanzia, a noi sembra di ascoltare una favola antica persa nel tempo: «Vivevamo in una terra ricca di cespugli, piante rampicanti, felci e alberi... dato che la pioggia cadeva in modo regolare e sicuro, l'acqua potabile si poteva trovare ovunque. C'erano grandi campi ben irrigati, di mais, fagioli, frumento e ortaggi. In pratica, non si sapeva cosa fosse la fame».

Sono parole che suonano amare alla luce di quello che oggi è rimasto di questa meravigliosa terra, che noi occidentali abbiamo contribuito a devastare con un colonialismo rapace e politiche dissennate, partecipando senza scrupoli allo sfruttamento e alla corruzione dei governi che si sono succeduti negli anni.

Nel 1943 il padre di Wangari è costretto, come molti capifamiglia, a lavorare per una fattoria di coloni inglesi a cui erano state "assegnate" le terre più fertili, subito sfruttate con coltivazioni intensive di mais e frumento. I contadini vivono alla stregua di schiavi: sono costretti a lavorare per salari minimi con cui devono pagare le tasse del nuovo governo, che ha introdotto il denaro a scapito degli scambi in natura. Ai lavoratori non è concesso coltivare cibo proprio per venderlo al mercato nella vicina città di Nakuru, dove vige la segregazione e sono obbligati a frequentare solo le zone autorizzate dai bianchi.

Le condizioni economiche peggiorano notevolmente per la famiglia, ma la mamma decide comunque di iscrivere Wangari a scuola contro la tradizione che non ha mai previsto alcuna istruzione per le figlie femmine: un piccolo gesto rivoluzionario che cambierà per sempre il destino della figlia. «Ancora oggi non so da dove provenissero i soldi necessari a farmi studiare, probabilmente la mamma li racimolava lavorando per altri abitanti del villaggio, aiutandoli a coltivare la terra.» Da quel momento Wangari, armata di una lavagnetta, un quaderno e una matita, affronta con fierezza a piedi scalzi i cinque chilometri di strada polverosa che la conducono ogni giorno alla sua nuova vita. Subito si rivela un'alunna modello e supera con facilità tutte le classi: è appassionata, curiosa e impara velocemente l'inglese, anche perché teme la coccarda che per punizione viene appuntata al petto degli alunni che parlano ancora nella loro lingua madre. L'Africa della sua infanzia è sempre più lontana, ma grazie ai suoi ottimi voti a undici anni conquista un sussidio per proseguire gli studi e a quindici anni le regalano il suo primo paio di scarpe.

Nel frattempo in Kenya è cominciata la ribellione dei guerriglieri Mau-Mau contro gli occupanti inglesi: molte famiglie di civili sono deportate a forza in "zone d'emergenza" simili a campi di concentramento. Anche la madre di Wangari finisce reclusa e i suoi genitori non si vedranno per sette anni: «Ero io a portare i messaggi dall'una all'altro. È così che sono finita in prigione la prima volta».

Wangari è ancora molto piccola, e da quel giorno porterà sempre nel cuore quell'ingiustizia profonda nei confronti della sua famiglia e della sua gente.

La storia del suo Paese aveva preso velocemente la rincorsa, ma anche l'esistenza di Wangari sta per subire una svolta decisiva. Dopo essersi diplomata con il massimo dei voti alle scuole superiori, nel 1960 le viene offerta un'occasione incredibile per l'epoca: grazie a una buona pratica introdotta dal governo degli Stati Uniti per merito dell'allora senatore John F. Kennedy, è fra i trecento studenti kenioti – tra cui il padre di quel Barack Obama che ora tutti conosciamo – a vincere una borsa di studio per frequentare un college americano.

«Mi sentivo come se fossi atterrata sulla luna.» La prima cosa che ricorda appena sbarcata negli Usa è il suo primo viaggio in ascensore, più spaventoso dell'assalto di un giaguaro nella foresta. Ma Wangari non perde tempo, si ambienta presto nel nuovo mondo adattandosi con curiosità ai nuovi usi e costumi di questa cultura così diversa dalle sue radici africane. «L'America mi ha completamente cambiata. Vedere il movimento per i diritti civili ha cambiato quello che sapevo sull'essere una cittadina, una donna, su come vivere. Ma ho sempre saputo che sarei tornata.»

E in Kenya ci torna carica di entusiasmo, fiera di essere la prima donna dell'Africa dell'Est ad aver conquistato un PhD in Biologia. È pronta per svolgere al meglio il suo lavoro, ha intenzione di aiutare attraverso l'insegnamento i giovani del suo Paese a crescere ed emanciparsi proprio come è successo a lei, ma le delusioni non tardano a offuscare i suoi buoni propositi. Al suo corso di microanatomia gli studenti maschi si rifiutano di farsi indottrinare da una donna, e Wangari scopre anche con sorpresa che il suo stipendio è inferiore a quello dei suoi colleghi maschi di pari grado. Presto si rende conto che la strada è ancora più in salita di quella polverosa dei suoi esordi scolastici di tanti anni prima, ma soprattutto capisce che non basta far bene il proprio lavoro per incidere profondamente nella società, e decide di interessarsi alla politica. Con slancio partecipa alla campagna elettorale di un nuovo candidato, Mwangi Mathai, con cui condivide ideali e il desiderio di migliorare le condizioni degli abitanti più poveri del suo Paese: la loro intesa è totale, i due giovani si innamorano, si sposano e mettono al mondo tre figli. Ma quando il marito è eletto in Parlamento, la stima di Wangari per il compagno comincia a vacillare: «Ero così felice per lui, e dissi: "Cosa faremo adesso per dare lavoro a tutte quelle persone a cui abbiamo promesso aiuto?". Lui disse solo: "Oh, quella era campagna elettorale". Non potevo credere alle mie orecchie. Non aveva intenzione di fare niente». Un'altra delusione profonda per lei, che aveva riposto non solo le speranze politiche ma anche la sua vita sentimentale nelle mani di Mwangi.

Tuttavia la donna che sappiamo forte come un albero di acacia non si perde d'animo e trova proprio nella natura l'ispirazione per un nuovo impegno. Frequentando il National Council of Women of Kenya si rende conto che molte delle ragazze che andavano a scuola con lei, non avendo trovato lavoro, sono tornate nei loro villaggi d'origine e adesso vivono in una condizione di estrema povertà. La terra della sua infanzia è molto cambiata: la deforestazione selvaggia e le colture intensive delle nuove piantagioni di tè e caffè hanno creato una pericolosa siccità che sta cambiando in maniera preoccupante l'equilibrio idrico del Paese.

Anche dopo l'indipendenza dall'Inghilterra, purtroppo la situazione non è migliorata a causa della corruzione delle nuove classi politiche che continuano a considerare il patrimonio ambientale una loro proprietà privata da saccheggiare a piacimento. Wangari ha una piccola grande idea, semplice ma potentissima: bisogna ripopolare di verde gli altipiani piantando nuovi alberi per correggere una china che lei si rifiuta di credere irreversibile. Affida questo compito proprio alle donne, l'anello più debole della società, perché capisce che hanno l'energia e la determinazione necessarie per questa nuova rivoluzione. «Abbiamo iniziato piantando alberi, ma presto abbiamo cominciato a piantare idee! Stavamo facendo vedere che le donne potevano essere indipendenti. Che erano forti.»

Wangari comprende che conservazione dell'ambiente e femminismo sono strettamente connessi: un'intuizione esplosiva, che porterà la sua lotta molto lontano. Il suo scopo è aiutare le donne offrendo loro un lavoro, e al tempo stesso arrestare lo sfruttamento del territorio che sta divorando il Kenya. È l'inizio del movimento Green Belt, ma nessuno poteva immaginare che armarsi di terra, vanga e semi fosse così pericoloso sotto il governo del presidente Daniel arap Moi. Quando il piccolo esercito di donne manifesta contro la costruzione abusiva di un complesso residenziale con grattacieli e negozi all'interno dell'Uhuru Park di Nairobi, un misterioso squadrone di uomini armati le aggredisce picchiandole a sangue mentre le forze di polizia rimangono a guardare senza difenderle. Il commento del presidente Moi è di netta condanna nei confronti delle manifestanti: «Le donne devono restare a casa e non immischiarsi nei fatti politici».

Ma Wangari non si arrende, la violenza non le fa più paura, e continua a opporsi a ogni progetto che il governo vuole attuare a spese dell'ambiente. «Vogliono prendere il terreno pubblico, che appartiene alla comunità, e darlo ad amici e sostenitori politici per le loro ville e campi da golf» dichiara battagliera quando il presidente Moi mette gli occhi sulla Karura Forest, una delle più preziose aree verdi in Kenya. Stavolta le attiviste che protestano contro questo ennesimo tentativo di speculazione edilizia sono attaccate direttamente dalla polizia, picchiate con brutalità e arrestate in blocco. Le immagini scioccanti dei pestaggi arrivano ai telegiornali di tutto il mondo e sollevano l'indignazione dell'opinione pubblica internazionale, tanto da suscitare le proteste ufficiali del vicepresidente degli Stati Uniti Al Gore che chiede l'immediata scarcerazione delle donne minacciando di sospendere ogni aiuto bilaterale al Kenya.

Come in un'incredibile sfida tra Davide e Golia, alla fine Wangari avrà la meglio sulle bande di affaristi capeggiate dal governo corrotto di Moi. Il presidente che si credeva onnipotente sarà costretto ad abbassare la testa e a rinunciare alle sue mire espansionistiche; quella che ormai tutti chiamano "*the woman tree*", "la donna albero", riesce a vincere contro gli uomini più potenti del suo Paese solo mettendo in pratica i suoi principi e una protesta non violenta. «Le persone iniziarono a pensare: "Se può riuscirci una piccola donna con niente di speciale a parte la sua testardaggine, sicuramente il governo può essere cambiato".» Infatti il regime di Moi crolla dopo pochi mesi e in Kenya vengono indette libere elezioni.

A tutti quelli che la scoraggiavano e le consigliavano di abbandonare questa battaglia impari, Wangari racconta sempre la storia del piccolo colibrì che nella foresta in fiamme, mentre tutti gli animali scappano per la paura, cerca di domare l'incendio continuando a portare gocce d'acqua con il suo piccolo becco.

Gli altri animali lo prendono in giro ma il colibrì risponde serafico: "Possiamo sempre fare qualcosa. Si può sempre portare un po' d'acqua nel proprio becco".

Oggi solo il 2 per cento della foresta keniota è rimasto intatto, e ogni anno una zona grande come Manhattan viene ancora divorata da speculazioni illecite spesso benedette da amministratori disonesti. La siccità e i cambiamenti climatici dovuti alla deforestazione hanno aumentato la povertà e le migrazioni: «Come sappiamo tutti, le persone non stanno sedute ad aspettare di morire. Migrano».

Il Green Belt Movement che Wangari ha fondato continua a combattere, e in quarant'anni di attività ha piantato milioni di alberi per preservare non solo il patrimonio africano, ma i polmoni verdi di tutto il mondo, condizione necessaria per dare un futuro ai nostri figli. «Nel corso della storia, arriva un momento in cui l'umanità è chiamata a un nuovo livello di coscienza, a una moralità più elevata. Un tempo in cui dobbiamo mettere da parte le nostre paure e darci speranza l'un l'altro. Quel tempo è adesso.» Con queste parole Wangari ha accettato il premio Nobel nel 2004 illuminando la sala di Stoccolma con il suo sorriso coinvolgente e i colori sgargianti dei vestiti della sua terra. Se ancora ci sono speranze per un'inversione di rotta, lo dobbiamo anche al coraggio e all'ostinazione di pioniere come Wangari e a tutte le "donne albero" che ha ispirato nella sua vita.

END
APARTHEID
MAMA
AFRICA
DRINKING FOUNTAIN
WHITE
COLORED
SOWETO
CRIMES
against HUMANITY

MIRIAM MAKEBA

Rosa Miriam Makeba, ibrido di tea creato da Alain Meilland nel 2001. È caratterizzata da fiori grandi e a coppa, che ricordano quelli delle rose antiche. I petali sono di colore rosa chiaro verso l'esterno e più scuro verso il centro. Il profumo di questi fiori è forte, muschiato e con note di albicocca.

Miriam "Zenzi" Makeba nasce a Johannesburg il 4 marzo del 1932 e passa i primi sei mesi della sua vita in carcere: la mamma, per sbarcare il misero lunario, ha venduto birra artigianale fatta in casa, ma visto che ogni attività commerciale è proibita alla popolazione nera, viene arrestata e portata in galera insieme alla neonata. Dentro o fuori da una prigione, la vita è ugualmente durissima per la "black community" nel Sudafrica dell'apartheid: un sistema brutale che ha costretto per decenni le persone che erano nate in quella terra a vivere come prigioniere in casa propria.

Delle leggi severissime regolavano l'esistenza dei nativi vietando loro praticamente ogni libera attività, costringendoli ad abitare in zone circoscritte e a esibire un "passaporto" speciale per entrare nel territorio dei bianchi. C'erano addirittura fontanelle e marciapiedi destinati esclusivamente alla popolazione africana, che abitava quei territori dalla notte dei tempi e ora veniva umiliata da una segregazione razziale molto simile a una totale schiavitù. Ogni associazione politica era preclusa e l'istruzione era fortemente disincentivata: un'organizzazione crudele che obbligava i neri ad assoggettarsi ai lavori più umili.

Miriam sin da piccola non può che fare la serva per le famiglie dei bianchi, ma ha una passione che le scalda il cuore e l'aiuterà sempre a sopravvivere nei momenti più duri: la musica. Zenzi è dotata di una voce incredibile e, come racconta in un'intervista, «non mi ricordo quando ho iniziato a cantare, potrei dire da sempre, in Sudafrica tutti abbiamo sempre cantato le cose che ci succedevano, specialmente le cose che ci ferivano».

Per lei la musica è "*a type of magic*", un aiuto, un conforto ma anche un superpotere per affrontare l'esistenza. Dopotutto, nella musica ci è nata: cantare per lei è un'attitudine naturale in una famiglia in cui la madre suona gli strumenti tradizionali, il padre milita in una band e il fratello le fa conoscere le canzoni di Ella Fitzgerald che arrivano dall'America. Insieme alla sorella, Miriam canta nei cori della chiesa, a tredici anni vince un concorso della scuola missionaria e inizia a esibirsi ai matrimoni. È ancora un'adolescente quando comincia a partire per delle lunghe tournée interpretando un repertorio che miscela musica popolare africana, jazz e gospel: uno stile che rimarrà il marchio di tutta la sua lunga carriera.

Naturalmente anche i concerti subiscono la stessa odiosa legge della segregazione che impone show separati per bianchi e neri, e addirittura una nuova ingiunzione alla fine degli anni Cinquanta proibisce agli artisti "di colore" di esibirsi nei teatri cittadini, permettendogli solo sale di periferia. La situazione per Miriam si sta facendo sempre più soffocante, quando nel 1959 un filmmaker indipendente, l'americano Lionel Rogosin, le propone una parte in un documentario contro l'apartheid: *Come Back, Africa.* La cantante aderisce con entusiasmo, non immaginando che questo lavoro rivoluzionerà totalmente il suo destino.

La pellicola, che anni dopo Martin Scorsese definirà "un film eroico, dalla bellezza terribile", è un pionieristico docu-drama che presenta per la prima volta la dura realtà delle discriminazioni nei ghetti sudafricani chiamati *township*. Il regista ha girato all'insaputa delle autorità del Paese e, quando il film viene selezionato al Festival del Cinema di Venezia, Rogosin paga un permesso speciale al governo sudafricano per portare Makeba alla première.

La performance di Zenzi fa sensazione, il documentario si guadagna il Premio della Critica ed è lodato da tutti i giornali. Le autorità sudafricane, accorgendosi della potenza eversiva della pellicola, reagiscono con la solita violenza e ritirano il passaporto di Miriam, impedendole di rientrare nel suo Paese: per la giovane artista è l'inizio di una nuova vita, ma anche di un lungo e doloroso esilio dalla sua terra che durerà più di trent'anni. Non le verrà concesso di tornare neanche alla morte della madre per partecipare ai suoi funerali, un dolore che Zenzi non riuscirà mai a cancellare; tuttavia per il regime era intollerabile che una semplice interprete di musica popolare si trasformasse nel simbolo di un popolo oppresso.

Grazie ai suoi nuovi amici Miriam raggiunge Londra e si esibisce con successo nei locali dove per la prima volta può mostrarsi davanti a un pubblico "misto" di bianchi e neri che la applaudono entusiasti. Il suo nome ora corre sulla bocca di tutti; una sera Harry Belafonte va ad ascoltarla e intuisce la potenza di questa giovane interprete; magicamente tra i due scoppia un colpo di fulmine artistico che nel tempo si trasformerà in una profonda amicizia. Il cantante rimane affascinato dalla voce unica di Miriam, "di una purezza simile solo a uno strumento musicale", e si mette all'opera per aiutarla a trovare un ingaggio negli Stati Uniti. Miriam ha un grande talento e una presenza scenica formidabile, grazie anche a una bellezza elegante e fiera che sottolinea con abiti della tradizione africana indossati con un orgoglio regale. È una donna che nasconde grandi sofferenze, ma ha il potere di trasmettere con le sue canzoni una gioia contagiosa e un invincibile senso di speranza nel futuro.

"Il re del Calypso", come veniva chiamato Belafonte, non è solo la star famosa per le sue hit popolari e ballabili come *Banana Boat Song*, ma anche un uomo che ha a cuore i diritti civili e con altruismo approfitta della sua notorietà per supportare la causa dei neri d'America. Insieme, i due artisti duetteranno sui palcoscenici più prestigiosi degli Stati Uniti guadagnandosi un Grammy Award per il celebre album *An Evening with Belafonte/Makeba*, e al tempo stesso offriranno generosamente il loro appoggio alla lotta di Martin Luther King non mancando mai alle manifestazioni indette dal leader pacifista.

Ma mentre la carriera di Miriam è in vorticosa ascesa, nel suo Paese d'origine la situazione è sempre più drammatica. Nel 1963 Nelson Mandela, militante dell'African National Congress, il movimento che si batte contro la segregazione, è stato arrestato e condannato al carcere a vita. Le sue parole al processo risuonano più forti di ogni sentenza: «Più potente della paura per l'inumana vita della prigione è la rabbia per le terribili condizioni nelle quali il mio popolo è soggetto fuori dalle prigioni, in questo Paese...». Nello stesso anno Makeba, che ormai è una celebrità in America, è invitata a parlare alle Nazioni Unite dal comitato contro l'apartheid e, con un discorso asciutto e autorevole, chiede di fermare la tragedia che si sta abbattendo sul suo Paese a causa della totale mancanza di diritti civili per la popolazione nera e domanda l'immediata scarcerazione dei detenuti politici ingiustamente arrestati.

In tutta risposta il governo sudafricano mette al bando le sue canzoni, che cominciano a circolare clandestinamente come materiale sovversivo: i suoi numerosi proseliti rischiano fino a sette anni di carcere se trovati in possesso di questi dischi scottanti! Sembra incredibile che un brano solare e innocuo come *Pata Pata* si sia trasformato per molti in un inno di libertà, ma questa è la magia della musica di Miriam Makeba, che è riuscita a incarnare la felicità creativa di un popolo a cui per decenni è stata proibita ogni forma espressiva. È solo una canzone che invita a ballare, a godere della gioia di vivere, e proprio per questo fa più paura di un manifesto politico.

Da questo momento Miriam diventa "Mama Africa", simbolo e portavoce delle radici di una cultura che una politica dissennata vorrebbe soffocare. La sua musica si trasforma in un messaggio universale e parla al cuore di tutti, ma la cantante porta avanti il suo lavoro con estrema modestia e umiltà; come racconterà anni dopo in un'intervista, non si è mai sentita una leader politica: «Sinceramente, sono solo una piccola vecchia cantante, non sono una politica, nemmeno un'economista o qualcosa del genere. Vorrei soltanto che le persone fossero dei soldati: possiamo esserlo tutti, non per aggredirci l'un l'altro ma per combattere la povertà, le malattie, le epidemie, l'avidità e tutti i mali del mondo, per essere un esercito che difende tutto ciò che è buono».

Nel 1968 l'America è dilaniata da un lutto tremendo, il 4 aprile al Lorraine Motel di Memphis, poco prima di un comizio, viene assassinato Martin Luther King: un dolore immenso scuote tutta la nazione, che aveva sperato in un futuro diverso grazie al suo leggendario sogno. Ai funerali ad Atlanta partecipano più di duecentomila persone, tra la gente comune che piange disperata c'è anche Miriam, il volto impietrito, aggrappata al braccio di quello che sarà il suo quarto marito Stokely Carmichael, sostenitore delle Pantere Nere, e autore dello slogan "Black Power". Dopo la morte del leader pacifista, nel Paese cominciano a scoppiare rivolte e manifestazioni che danno il via a una caccia alle streghe nei confronti degli attivisti più radicali: Miriam diventa ancora una volta un'indesiderata. Insieme al marito è attenzionata dall'FBI, che fa pressione sui promoter musicali per annullare i suoi concerti, e la stampa più vicina al governo attiva la solita macchina del fango per offuscare la sua immagine. Finché si combatte per i diritti dei neri che vivono in una terra lontana la solidarietà del pubblico non è ritenuta pericolosa, ma se la lotta si combatte in casa scattano le contromisure.

La coppia decide di espatriare in Guinea, il Paese ha da poco conquistato l'indipendenza dal colonialismo francese e il nuovo presidente Ahmed Sékou Touré, nonostante la sua politica dittatoriale, ha inaugurato un rivoluzionario progetto che si pone l'obiettivo di far nascere una moderna cultura africana: Miriam naturalmente è la benvenuta. La cantante ritorna finalmente nella sua amata terra e, anche se la Guinea non è il suo Paese d'origine, si sente subito a casa: scherzosamente chiamerà la sua nuova residenza "The South African Embassy". È qui che accoglie gli esuli come lei e organizza un centro dove si riuniscono diversi artisti che accarezzano il sogno di un nuovo movimento pan-africano senza frontiere. Ancora oggi in Guinea c'è la sede della sua fondazione, dove la nipote Zenzile Makeba Lee continua a portare avanti i valori che Miriam, da ambasciatrice naturale del suo popolo, ha sempre coltivato.

In questi anni africani Makeba incide nuovi successi e si esibisce in tutto il continente accolta come una regina. In realtà

Zenzi è una doppia esule, impossibilitata a tornare in Sudafrica e "indesiderata" in molti Paesi occidentali, ma grazie a una decina di passaporti diplomatici che molti Stati africani le hanno consegnato come cittadina onoraria riesce a fare concerti ovunque nel mondo diventando per tutti "*The Empress of African Song*". Si moltiplicano le sue collaborazioni con musicisti di ogni estrazione, come quella con Paul Simon, criticata dai difensori dell'embargo totale al Sudafrica che nel 1986 l'artista americano rompe per registrare *Graceland*: un lavoro che vuol far conoscere al mondo la straordinaria creatività della musica sudafricana. Nonostante le polemiche Miriam, con un gesto "politically scorrect", decide di partecipare lo stesso al tour africano di Paul Simon perché crede che in quel momento storico ciò che importa sia celebrare la propria cultura davanti al mondo. Il duetto di *Under African Skies* insieme al cantautore statunitense durante il concerto in Zimbabwe rimane una pagina memorabile della storia della musica e della forza creativa di quella terra.

Quando sua figlia Bongi, cantante e autrice di molte sue bellissime canzoni, muore di parto a soli trentaquattro anni, Miriam è devastata. Nonostante tutte le difficili vicissitudini che ha dovuto fronteggiare, questa le sembra insormontabile, ma come sempre riesce a trovare la forza per guardare avanti grazie anche ai suoi tre nipoti che da quel momento crescerà come figli. Per sfuggire ai ricordi Miriam decide di lasciare la Guinea, dove è sepolta sua figlia, e si trasferisce in Europa – o sarebbe meglio dire nel mondo, dove continua a cantare in un tour senza fine.

Il suo cuore, però, batte sempre forte per la sua terra d'origine, che vive ancora sotto il giogo dell'apartheid; quando finalmente nel 1990, dopo ventisette anni di carcere, Nelson Mandela viene liberato, è Mama Africa che chiama subito per assistere alle prime libere elezioni aperte a tutta la popolazione.

Nel Paese vanno alle urne circa diciannove milioni di sudafricani e il partito di Mandela vince con il 62 per cento dei voti: un trionfo che sancisce la fine di decenni di schiavitù legalizzata. La foto del nuovo leader sudafricano che abbraccia Miriam Makeba il giorno della vittoria è il più bel regalo per il popolo, finalmente libero dall'apartheid.

Mama Africa si ritira ufficialmente nel 2005, ma ogni buona causa la spinge ancora a portare la sua voce dove c'è bisogno. Come a Castel Volturno nell'estate del 2008, dove si esibisce per dare sostegno alla causa anticamorra e allo scrittore Roberto Saviano in una serata in memoria del massacro dei sei immigrati del Ghana per mano della criminalità organizzata. Zenzi ha ormai settantasei anni e le sue condizioni di salute sono seriamente minate da una forte artrite reumatoide, ma vuole partecipare a tutti i costi per solidarietà alle vittime innocenti che, da qualsiasi Paese dell'Africa provengano, sono il suo popolo. Dopo l'ultima canzone Zenzi è colpita da un malore e poche ore dopo muore nel vicino ospedale.

Nelson Mandela, che l'ha conosciuta bene, dichiara: «È giusto che i suoi ultimi momenti siano stati sulla scena», perché Miriam aveva sempre desiderato di esibirsi fino all'ultimo, vicino al pubblico che l'ha tanto amata.

Roberto Saviano la ricorda così: "Se c'è un conforto nella sua tragedia si può dire che è morta vicina, vicina alla sua gente, mentre cercava di abbattere un'altra *township* col mero suono potente della sua voce. Miriam Makeba è morta in Africa. Non l'Africa geografica ma quella trasportata qui dalla sua gente che si è mescolata a questa terra a cui pochi mesi fa ha insegnato la rabbia della dignità. E, spero, pure la rabbia della fratellanza".

Qualcuno ha detto che oggi Miriam Makeba non si chiama più “Mama Africa”, ma “Mama Paradiso”: è un’immagine appropriata per la lunga vita di questa artista coraggiosa e solare, ed è bello pensarla, dopo tanti duetti eccellenti sulla terra, mentre canta tra le nuvole accompagnata da un volenteroso coro di angeli, indossando uno dei suoi più sgargianti copricapi africani.

Solo una delle sue tante, memorabili esibizioni.

W LA RESISTENZA
IRMA
BANDIERA
14-8-1944

MIMMA (Irma Bandiera)

Rosa Variegata di Bologna, bourbon introdotta agli inizi del Novecento dall'italiano Massimiliano Lodi. I fiori, intensamente profumati, sono ricchissimi di petali bianchi sottilmente striati di un intenso rosso ciliegia. La Variegata di Bologna forma un cespuglio molto imponente, i cui rami sottili si piegano dolcemente sotto il peso dei fiori.

Chi abita in via Irma Bandiera a Bologna forse non sa che gli è capitato di vivere in una delle poche vie italiane dedicate a una donna valorosa. Una lapide, sovrastata dalla foto della partigiana, toglie ogni dubbio sull'identità di questa donna che ha un cognome fatalmente legato al suo destino. Irma Bandiera, nome da combattente Mimma, ha militato nelle fila della Resistenza morendo dopo torture atroci senza rivelare il nome dei compagni con cui lottava per costruire un'Italia degna della sua bandiera, più giusta e finalmente libera dall'oppressione del nazifascismo. E proprio in questa strada che oggi ospita il suo ricordo abitava Irma, e senza pietà proprio qui, davanti alla casa dei suoi genitori, il suo cadavere massacrato dalle sevizie dei fascisti è stato esposto per un giorno intero come monito per i ribelli; i partigiani, in tutta risposta, nominarono una formazione combattente della brigata Garibaldi "Irma Bandiera".

Ci sono dei dettagli nelle storie delle persone che a volte colpiscono più delle cose importanti, e io non posso dimenticare l'immagine del vestito rosso a pois bianchi che Irma indossava il giorno del suo arresto, un capo di cotonina fresca e comoda, infilato una bella mattina d'estate come una promessa di felicità da cogliere al volo. Irma è stata catturata il 7 agosto del 1944 con quell'innocente vestaglietta a pois che l'ha accompagnata durante l'orrore di sette giorni e sette notti di torture e sevizie che hanno preceduto la sua morte. E sempre con quel vestitino i fascisti l'hanno trascinata sanguinante davanti alla casa dei suoi genitori, nell'ultimo tentativo di farle rivelare i nomi dei compagni e i luoghi dove si nascondevano. Una crudeltà infinita far intravedere le finestre della casa famigliare, pronta ad accoglierla se solo avesse confessato. Ma Irma non parlò e fu fucilata rabbiosamente sotto gli occhi dei passanti. I partigiani non avevano lasciato i loro rifugi come di solito facevano quando veniva arrestato un componente della brigata: era risaputo che dopo poche ore nessuno poteva resistere alle torture ed era meglio spostarsi in luoghi più sicuri. Ma quella volta rimasero dov'erano: «Non ci muovemmo perché sapevamo che Mimma non avrebbe mai ceduto». E infatti anche quando l'accecarono per spegnere quegli occhi fiammanti che fissavano i suoi aguzzini con disprezzo, Mimma non aprì bocca. I partigiani conoscevano bene quella giovane allegra e sofisticata, che non corrispondeva al ritratto stereotipato della combattente: Irma era, come si usava dire, una ragazza di buona famiglia, e le foto che la ritraggono sorridente ci mostrano un'immagine che potrebbe appartenere a una giovane attrice dal volto bello e solare, i capelli all'ultima moda, un rossetto fiammeggiante e un filo di perle candide al collo. Mimma non aveva nessuna necessità famigliare né una storia politica personale per partecipare alla lotta clandestina, e questo la rende, se possibile, ancora più speciale, perché la sua urgenza di scendere in campo è legata solo a quell'ideale di giustizia e libertà che ha spinto milioni di giovani a rischiare le loro vite.

Irma Bandiera sapeva benissimo a cosa andava incontro, aveva semplicemente scelto di fare parte del cambiamento e di non rimanere a guardare, decidendolo senza clamore e all'insaputa dei genitori per non creare problemi alla sua famiglia. Aveva solo ventinove anni quella sera d'agosto, e oggi idealmente su quel vestitino rosso a pois bianchi è appuntata una medaglia d'oro alla memoria con questa motivazione: "Eroina purissima degna delle virtù delle italiche donne, fu faro luminoso per tutti i Patrioti bolognesi nella guerra di Liberazione". Parole che, durante le celebrazioni della Resistenza, a volte ci fanno sorridere per la pomposità o suonano troppo retoriche, ma quando andiamo a scavare dietro l'ufficialità e scopriamo la vera vita delle persone che hanno partecipato a quell'avventura, riconquistano in pieno il loro profondo significato. Chissà, forse più che la medaglia a Mimma sarebbe piaciuto l'immenso murales che giovani artisti bolognesi hanno dipinto in suo onore, e che oggi sovrasta con il suo bel sorriso la facciata delle scuole Bombicci di via Turati, a Bologna.

Ma Irma non era la sola combattente della guerra partigiana, centinaia sarebbero le storie da raccontare e salvare dall'oblio. Ogni regione, paese e angolo d'Italia potrebbe parlarci delle sue eroine, in realtà semplici donne che hanno deciso di fare la loro parte per collaborare al sogno di un cambiamento, dimostrando spesso con il sacrificio della vita che il loro destino non era quello che aveva loro prescritto il fascismo, incasellandole come angeli del focolare e fattrici del regime. Si attribuisce al Duce questa frase: "Le donne debbono tenere in ordine la casa, vegliare sui figli e portare le corna". Una sintesi grossolana ma efficace di quello che saranno le leggi promulgate nel Ventennio per raggiungere questi obiettivi.

Vale la pena – se non altro per le giovani generazioni che possono aver perso qualche passaggio storico – ricordare com'era la condizione femminile sotto il fascismo, giusto un riassuntino per schiarirci le idee. Per perfezionare il ruolo della donna come "madre e sposa" viene disincentivata qualsiasi velleità lavorativa colpevole di distrarre dall'obiettivo primario della riproduzione della razza: "L'occupazione distrae le donne dalla generazione, fomenta l'indipendenza e conseguenti mode fisico-morali contrarie al parto". E grazie a una serie di filosofi e pensatori che avallavano il regime, nel 1926 le donne vengono escluse dall'insegnamento della storia, della filosofia e dell'economia: materie troppo nobili, e negli anni a seguire, grazie a un'altra serie di leggi ad hoc, sono escluse anche dall'assunzione nel ruolo di presidi e direttrici e possono dirigere solo scuole professionali femminili. Così, per il Regio Decreto del 1933 le amministrazioni dello Stato stabiliscono nei bandi di concorso l'esclusione delle donne o pongono forti limiti alla loro assunzione, fino ad arrivare al divieto di superare la limitazione del 10 per cento dei posti assegnati per legge alle donne negli impieghi pubblici e poi privati. Per non parlare della "clausola di nubilato" obbligatoria al momento dell'assunzione: in pratica erano ammesse solo a patto che firmassero un documento nel quale accettavano il licenziamento il giorno in cui si fossero sposate (regola non scritta ma ancora in voga per molti datori di lavoro odierni...). Una norma che andava di pari passo con la tassa sul celibato, che gli uomini non sposati dai venticinque ai sessantacinque anni erano costretti a pagare allo Stato.

«Bisogna convincersi che lo stesso lavoro che causa nella donna la perdita degli attributi generativi, porta all'uomo una fortissima virilità fisica e morale» dichiarava stentoreo Benito Mussolini, ma il lavoro sottopagato delle operaie non era messo in discussione visto che incrementava notevolmente i profitti dell'industria. Nel 1939 nella busta paga dei contratti collettivi di lavoro comparivano due voci distinte: la giornata lavorativa per un uomo in una fabbrica cotoniera era di 20,20 lire, mentre per una donna di 12,20 lire. Inutile dire che l'aborto era considerato un crimine contro lo Stato e la collettività ed era punito, insieme a ogni metodo anticoncezionale. E il famigerato codice Rocco sanciva l'ultima discriminazione anche dentro le mura di casa: se le donne tradivano erano condannate per adulterio con pene molto severe; nel caso degli uomini si trattava invece di concubinato, un'accusa molto più lieve, contemplata solo se il rapporto con l'amante era prolungato e aveva recato un'offesa lampante alla coniuge. Per non parlare del "delitto d'onore", che attenuava vergognosamente le pene ai mariti omicidi, e del "matrimonio riparatore", che prevedeva l'estinzione del reato di violenza carnale nel caso in cui lo stupratore accettasse di sposare la propria vittima.

Credo che questi pochi dati siano già sufficienti per descrivere la condizione delle donne sotto il fascismo e di conseguenza come le lotte per la liberazione del proprio Paese siano state per le partigiane l'occasione per affermare i propri diritti, inaugurando un ruolo diverso della donna nella società. Finalmente le italiane si sentivano alla pari dei propri compagni, ed erano riconosciuti il loro valore e il loro coraggio. Nel programma dei Gruppi di difesa della donna e per l'assistenza ai combattenti della libertà del 1944 si legge: "Le donne di ogni fede religiosa, tendenza politica, donne senza partito chiedono la possibilità di accedere a qualsiasi impiego. Unico criterio: il merito". Una frase lapidaria e ancora oggi, dopo più di settant'anni, ahimè largamente disattesa.

Questo è il contesto storico in cui sono cresciute le pioniere che decisero di abbracciare la Resistenza, e le testimonianze delle sopravvissute sono per tutte le donne venute dopo significative ed emozionanti perché parlano senza retorica della nuova "libertà" che queste ragazze spesso giovanissime avevano conquistato, non solo nella vita pubblica ma anche nella sfera privata, dove intrecciavano storie d'amore finalmente libere da regole e costrizioni. Molte si erano unite alla causa per difendere la famiglia, altre erano scese in piazza per fame e povertà rivendicando il pane per i figli da sfamare; c'erano operaie, contadine o donne borghesi come Irma Bandiera, ma tutte hanno contribuito al pari degli uomini alla lotta contro il nazifascismo e a porre fine alla Seconda guerra mondiale. Quella delle donne nella Resistenza italiana è una bella storia ancora troppo sommersa, che non riguarda solo le staffette partigiane che a volte sono dipinte con una retorica un po' troppo romantica, circoscrivendo le loro azioni solo al trasporto clandestino di istruzioni e documenti; in realtà le donne hanno combattuto a fianco degli uomini, subendo le stesse violenze (con l'aggravante dell'odiosa arma dello stupro), e soprattutto dimostrando lo stesso coraggio: e così meritano di essere ricordate. Finalmente nel 1946, "dato il segno di alta responsabilità dimostrato dalle italiane nel conflitto", viene "concesso" il voto anche alle donne, ma il risveglio dopo l'entusiasmo delle lotte è venato da delusioni e amarezze. Lo ricordano bene nei loro scritti le grandi esponenti della politica italiana, che avevano combattuto anche per l'affermazione dei loro diritti e che nel dopoguerra hanno visto disattese molte speranze. Quell'emancipazione che sembrava ormai conquistata sul "campo" si è volatilizzata nella pratica quotidiana sia privata che politica. Nonostante il suffragio universale abbiamo dovuto aspettare ancora trent'anni perché una donna diventasse ministra: tocca a Tina Anselmi per il dicastero del Lavoro, e tre anni dopo sarà Nilde Iotti la prima presidente della Camera dei deputati, ma solo nel 1981, quasi quattro decenni dopo la caduta del regime fascista, verranno abrogate le odiose clausole del codice Rocco riguardanti il delitto d'onore e il matrimonio riparatore, e sarà soltanto nel 1996 che lo stupro viene finalmente inserito tra i reati contro la persona e non più soltanto contro la morale.

La strada da percorrere è tuttora lunga e irta di ostacoli: nessuna donna a oggi, almeno mentre sto scrivendo, è ancora riuscita a ricoprire in Italia la carica di presidente della Repubblica o primo ministro; per allenare le ragazze a incentivare la propria autostima, nel Parlamento italiano è stata inaugurata dall'ex presidente della Camera Laura Boldrini la Sala delle Donne dove, tra i ritratti delle costituenti e delle pioniere che hanno conquistato le prime cariche istituzionali, ci sono due cornici particolari: non contengono nessun ritratto ma un grande specchio affinché le giovani visitatrici, osservando la propria immagine riflessa, si sentano autorizzate a volare alto e osare quello che finora è stato reputato impossibile.

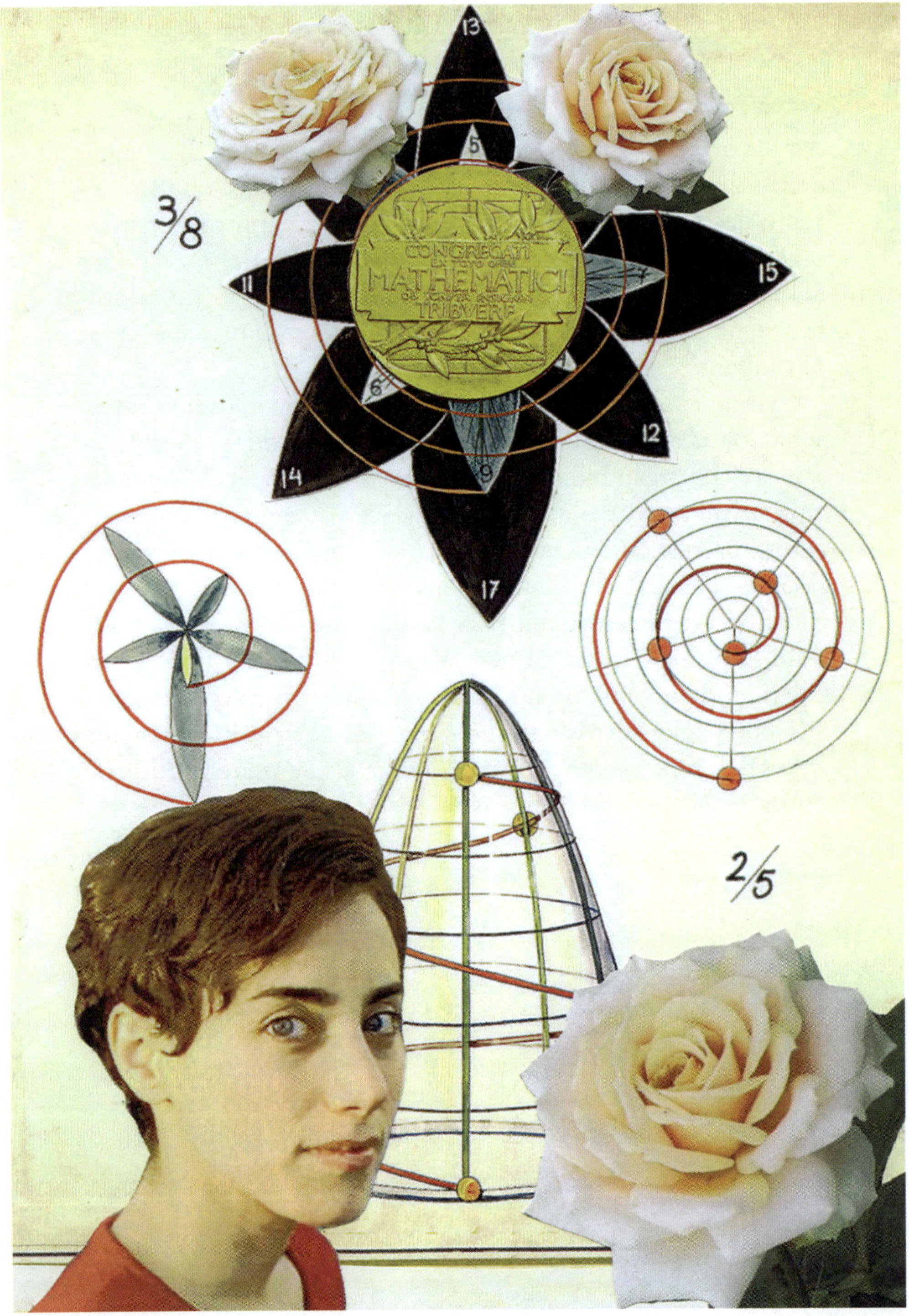

13
5
3/8
CONGREGATI
EX TOTO ORBE
MATHEMATICI
OB SCRIPTA INSIGNIA
TRIBVERE
11
15
6
12
14
9
17
2/5

MARYAM MIRZAKHANI

Rosa Dream Catcher (Cacciatrice di Sogni), miniatura dai piccoli fiori di colore rosa confetto che tende al camoscio verso il centro. L'arbusto, rifiorente, raggiunge al massimo i 75 cm di altezza: viste le sue dimensioni ridotte, la rosa è adatta alla coltivazione in vaso.

"Più tempo trascorro immersa nella matematica, più mi entusiasmo."

Maryam Mirzakhani voleva fare la scrittrice. Da piccola, quando usciva da scuola, le piaceva andare a comprare ogni genere di romanzo. Siamo a Teheran nel 1989, e la guerra tra Iraq e Iran è appena terminata. Maryam si considera una bambina fortunata: ha appena finito le elementari e l'aria nuova che si respira nel Paese le permette di scegliere una buona scuola per continuare gli studi con orgoglio. Non è portata per la matematica, preferisce scrivere e immaginare storie, ma quando intravede le meravigliose avventure che si nascondono in una forma geometrica, meglio se inusuale e iperbolica, scopre una nuova passione, persino più travolgente della letteratura.

Qualche professore ammuffito una volta ha dichiarato che le donne non sono portate per la matematica. È stato ricoperto di repliche sarcastiche dalle scienziate di tutto il mondo, ma i pregiudizi vengono da lontano e faticano a morire. Eppure Maryam non si ferma davanti a niente e continua i suoi studi con entusiasmo, tanto che a diciassette anni ha già vinto la medaglia d'oro alle Olimpiadi internazionali di Matematica di Hong Kong. Un'emozione incredibile per una ragazzina che sembra uno scricciolo ma con grandi occhi verdi, due fanali spalancati sul mondo. Maryam vede la bellezza nella matematica e attraversa i problemi come un'esploratrice nella giungla, scovando sempre nuovi sentieri invisibili ai più. «Per la maggior parte del tempo fare matematica per me è come una lunga escursione senza un sentiero tracciato né un traguardo visibile.» Nei tanti filmati che la ritraggono durante le sue affollatissime lezioni, quando Maryam disegna sulla lavagna infinite formule matematiche e figure geometriche per noi profani totalmente misteriose, intuiamo l'immensa gioia che le procura questa totale immersione nella ricerca, e rimaniamo estasiati dal guizzo intelligente del suo sguardo ispirato. Si definisce "lenta" ma – potremmo aggiungere – "implacabile" perché non molla mai la presa e arriva sempre in cima alla montagna dove l'orizzonte, alla fine, appare chiaro e comprensibile per tutti.

E proprio la scalata di una di queste cime le vale, nel 2014, a soli trentasette anni, la medaglia Fields: il premio più ambito per un matematico. Maryam è la prima e finora l'unica donna al mondo ad aver conquistato questo prestigioso riconoscimento che equivale al Nobel. Per avere un'idea dell'importanza di questa affermazione bisogna pensare che fino agli anni Sessanta nella democratica America le ragazze non erano ancora ammesse ai dottorati in matematica. Mirzakhani è una piccola pioniera che con il suo esempio ha autorizzato tutte le donne che scelgono questo campo a sentirsi più forti e coraggiose; non tanto per affrontare gli studi, ma per sfidare il bombardamento di pregiudizi che le aspetta al varco. Maryam è una combattente paziente: «Magari parte piano – come fa quando va a correre –

ma poi arriva prima di tutti», così racconta il marito, un altro supermatematico che l'ha incontrata alla prestigiosa Università di Stanford, dove la scienziata si era guadagnata una cattedra e insegnava dal 2008.

Purtroppo tra tante scalate e battaglie vinte Maryam ha perso il combattimento più insidioso e subdolo della sua vita. Un cancro al seno se l'è portata via il 15 luglio 2017, a soli quarant'anni, con una montagna di progetti ancora da realizzare.

Mirzakhani era già malata quando le hanno annunciato la vittoria della medaglia Fields, e ha dubitato a lungo se presenziare alla cerimonia di premiazione, aveva appena concluso un ciclo di chemioterapia e temeva di non avere la forza di affrontare lo stress mediatico. Ma la fisica belga Ingrid Daubechies, all'epoca presidentessa dell'Unione Matematica Internazionale, organizza per lei un gruppo di amiche scienziate che s'impegna a proteggerla e sostenerla per tutta la durata dell'evento: una vera task force che scherzosamente verrà ricordata come la M.M. Shield, ovvero "lo scudo di Maryam Mirzakhani". Un bell'esempio di solidarietà femminile che ha permesso alla vincitrice di godersi il meritato trionfo in tutta tranquillità.

Maryam va ricordata per tutti i motivi che vi ho raccontato e anche perché rappresenta un meraviglioso esempio di come vorremmo il futuro delle ragazze e dei ragazzi del mondo: liberi di volare senza barriere né confini, grazie alle ali del merito e del talento.

Come instancabile "cacciatrice di sogni", le spetta senza ombra di dubbio la rosa Dream Catcher.

MOREAU
BAKER
Eva
alamy stock photo
JULES
ET

JEANNE MOREAU

Rosa Jeanne Moreau, ibrido di tea introdotta da Meilland nel 2005. I fiori, di colore bianco ma soffusi di color crema al centro, sono formati da un centinaio di petali. La fioritura è precoce e prosegue ininterrotta per tutta la stagione con un intenso profumo di limone e spezie.

"Aveva certi occhi, certi occhi d'opale / che mi affascinavano, oh se mi affascinavano / e poi c'era l'ovale del suo pallido viso / di donna fatale che fatale mi fu." Questi versi della canzone *Le tourbillon de la vie* forse descrivono più di tante parole il fascino immortale di Jeanne Moreau. L'attrice la cantava in una scena di *Jules et Jim* di François Truffaut, un film che l'ha consacrata insieme a un'infinita quantità di pellicole che Moreau sceglieva di interpretare seguendo un istinto che non l'ha mai ingannata. Amava lavorare con i "maestri", come dichiarava candidamente, e la sua filmografia è un catalogo del miglior cinema internazionale: da Antonioni a Louis Malle, da Buñuel a Wim Wenders fino a Luc Besson e Orson Welles... la lista è impressionante. Ma osava volentieri con gli esordienti di cui intuiva il talento e che, grazie al suo nome e alla sua generosità, riuscivano a realizzare i loro sogni. «Al limite, posso anche non leggere la sceneggiatura: ciò che mi interessa sono gli incontri.» Lo diceva spesso Jeanne, come ricorda Louis Malle che l'ha voluta per il suo film d'esordio *Ascensore per il patibolo* del 1958: un noir che è passato alla storia anche per la dolente passeggiata notturna di Jeanne Moreau tra le strade di Parigi alla ricerca del suo amante scomparso. Le inquadrature, sottolineate dall'innovativa musica di Miles Davis, ci mostrano una donna senza trucco, bagnata dalla pioggia e illuminata solo dalle luci della città. «Jeanne appare con la sua vera personalità, il suo temperamento, il suo viso sconvolgente e così mutevole» ricorda il regista, che ha dovuto lottare contro i produttori del film, che non potevano accettare una protagonista così "naturale", totalmente controcorrente rispetto agli standard patinati dell'epoca. E invece quelle scene hanno avuto un effetto dirompente, e Jeanne Moreau ha inaugurato una nuova immagine di femminilità autentica e moderna, consacrandosi definitivamente come icona della Nouvelle Vague. Ma anche molto più tardi, quando a sessantadue anni veste i panni di Amande, l'insegnante di sensualità di Nikita nel film di Luc Besson, il suo primo piano è spettacolare e affascinante. «Lasciati guidare dal piacere, dal tuo piacere di donna...» sussurra ad Anne Parillaud offrendole un rossetto per truccarsi, «e non dimenticare che due cose non conoscono limiti: la femminilità e i modi di abusarne.» E la scena diventa subito leggendaria.

I registi sono stati fatalmente attratti dal misterioso magnetismo del suo volto che poteva incarnare con naturalezza ogni loro desiderio, e hanno consegnato alla storia inquadrature memorabili dell'attrice in tutte le fasi della sua lunga vita. Jeanne Moreau, oltre che una straordinaria interprete, è stata anche una donna valorosa perché nella sequenza infinita delle sue interpretazioni ci ha insegnato a invecchiare, portando in trionfo come una conquista, e non come una sconfitta, le tracce che la vita inesorabilmente ci infligge. Il suo viso intenso ha accolto con orgoglio i segni del tempo: non a caso lei stessa si dichiarava una sopravvissuta alla bellezza che "prima di tramontare ci regala l'acre profumo dell'intelligenza". Bellezza e intelligenza: due termini spesso considerati in contraddizione per definire la stessa donna. Jeanne, però, è riuscita a infrangere le gabbie degli stereotipi di genere e a passare alla storia nella sua integrità, tanto da far pronunciare, nel giorno della sua scomparsa, all'ex ministro francese della Cultura Jack Lang questa frase che la descrive perfettamente: «Jeanne impressionava per la sua bellezza e sensualità, e allo stesso tempo per la sua autorevolezza morale e il suo carattere».

E forse è proprio l'autorevolezza morale la qualità che più difficilmente viene riconosciuta a una donna, anche se di grande valore. Con le sue occhiaie spavalde, la sigaretta tra le dita e la celebre voce roca era spesso definita "un ragazzaccio", un termine che non le piaceva: «Sì, ho vissuto come un ragazzo, anche se mi irrita dire così. Avrei preferito dire: ho vissuto come una donna libera. Ma questo significherebbe che ho avuto delle avventure, degli amanti, che posso andarmene quando ne ho voglia...». Una donna libera e "*insoumise*", come recita il titolo di un'accurata biografia di Jean-Claude Moireau. Ribelle e mai sottomessa, curiosa e avida di vita, Jeanne ha seguito le sue passioni senza preoccuparsi del giudizio degli altri e delle critiche che non hanno risparmiato la sua pur gloriosa carriera, che l'ha vista interprete di ruoli controversi e scandalosi ma mai banali o stereotipati. Sia che vestisse i panni di una borghese annoiata, di una prostituta o di un'assassina seriale, Moreau è riuscita comunque a incarnare tutte le sfumature più complesse e misteriose dell'universo femminile. L'attrice sapeva di essere un punto di riferimento per molte donne e ha sempre evitato di tradire il suo pubblico rifiutandosi di rappresentare caricature femminili umilianti; anche i personaggi più drammatici e dissipati dovevano mantenere una dignità e uno spessore umano a costo di intervenire nella sceneggiatura come nel caso del film *Le Miraculé*, dove convince il regista Jean-Pierre Mocky a correggere il tiro del suo personaggio: «Non voglio dare alle donne della mia età, che spesso conducono una vita diversa dalla mia, un'immagine avvilente di loro stesse, anche se è quella a cui sono state abituate, perché non corrisponde alla realtà». Scherzosamente si definiva autoritaria sul lavoro, una qualità che è spesso vista come un difetto quando si tratta di donne, ma in compenso aveva una disciplina di ferro e non indulgeva in divismi o capricci da star.

In più di sessant'anni di carriera le sue parole d'ordine sono rimaste sempre le stesse: curiosità, coraggio, audacia e senso dell'umorismo: «Sono affascinata da tutto quello che si trasforma e avanza infrangendo le regole. Sento che la mia energia deve essere utilizzata per ciò che non è convenzionale».

E forse il grande segreto della sua longevità e delle sue mille anime artistiche è racchiuso nella capacità di essere rimasta irriverente e curiosa come un'adolescente ribelle fino all'ultimo dei suoi giorni, quando dichiarava di non avere paura della morte perché non si possono temere gli eventi inevitabili.

È scomparsa a Parigi nel 2017 all'età di ottantanove anni, dopo una vita ricca che lei stessa aveva definito, più che un'esistenza romantica, un vero percorso da combattente, regalando al suo pubblico una sola regola definitiva: andare sempre là dove vivere è una promessa d'avventura.

I AM UGANDAN
I AM A LESBIAN
I AM PROUD
I AM THE VOICE
I AM THE CHANGE
MARCHING
IN LOVE
LGBTI
LIVES
CHANGING
ATTITUDES
TOWARDS
THE LGBTI
PROUD
UGANDAN
UGANDA
HOMOSEXUALS
ARE HUMAN BEINGS

KASHA JACQUELINE NABAGESERA

Rosa Rainbow Warrior (Guerriera dell'Arcobaleno). Creata nel 1996 da Jack E. Christensen, è un'arbustiva rifiorente che produce insoliti fiori allo stesso tempo puntinati e striati. Le corolle, infatti, sono formate da una ventina di petali dal fondo giallo tendente all'arancio molto pallido, segnato sia da spruzzi che da grosse rigature irregolari di colore rosso/arancio. Le rose sono doppie, grandi e riunite in piccoli gruppi.

Un completo sartoriale da uomo con tanto di cravatta rossa a righe bianche: un look impeccabile – d'altronde l'occasione lo richiede, siamo sulla copertina della prestigiosa rivista "Time" –, sfoggiato però con ironia. Ai piedi di Kasha Jacqueline Nabagesera, attivista ugandese per i diritti LGBT, ci sono infatti due comode sneakers, e in testa un cappellino bianco da baseball fatica a contenere una cascata di treccine rasta. Lo sguardo fissa fiero l'obiettivo, mentre nella mano destra stretta a pugno è racchiusa tutta la forza di questa giovane donna, che si è fatta portavoce dei diritti delle minoranze omosessuali in un Paese dove essere gay è proibito dalla legge: «*We are here to stay*, "siamo qui per restare"» dice nell'intervista, «chiediamo rispetto, protezione dalla violenza, e i nostri inalienabili diritti umani. E nessuno potrà spegnere la mia voce».

Kasha nasce nel 1980 a Kampala, in Uganda: il cuore verde dell'Africa, una terra di panorami mozzafiato, ma martoriata dalle guerre civili. In questa situazione di grave instabilità politica ed economica, Kasha è fortunata: cresce in una famiglia benestante e colta, il papà Albert è un importante economista e dirigente di banca e la mamma Julie Viola è una delle prime programmatrici di computer del Paese. Fin da piccola Kasha si accorge di essere diversa dalle sue amiche: è attratta dalle bambine, e non dai ragazzini. È un sentimento troppo forte, che non può essere nascosto: e infatti Kasha esprime questo amore scrivendo delle lettere dolcissime alle ragazzine di cui si innamora, che però le costano l'espulsione da diverse scuole. Essere lesbiche, in Uganda, è un reato: l'omosessualità, secondo la legge, è "contraria all'ordine naturale", e punibile con il carcere, se non addirittura con la pena di morte, come avrebbe voluto il Parlamento ugandese che nel 2013 approva l'Anti-Homosexuality Act – ribattezzato dalla stampa internazionale il "*Kill the gays bill*", "la legge ammazza-gay" –, che inasprisce appunto le pene per i gay e prevede anche la morte per i "recidivi". Fortunatamente, questo disegno di legge disumano che ci riporta alle epoche più buie della civiltà è stato abrogato per motivi formali, ma la situazione per le persone omosessuali in Uganda rimane drammatica: sono quotidianamente vittime di discriminazioni, violenze, fino naturalmente ad arrivare, per le donne, allo stupro, medicina considerata necessaria dai maschi del branco per correggere questa "innaturale devianza".

Malgrado i pericoli che corre ogni giorno, Kasha non nasconde mai la sua identità: sorretta dall'amore incondizionato della sua famiglia, pur dovendo spostarsi di scuola in scuola continua testarda gli studi. Eccelle nello sport, in particolare nel salto in alto e in lungo, e al college frequenta con passione i gruppi di teatro. Quando si iscrive alla Nkumba University di Entebbe, viene subito presa di mira dal rettore, ed è costretta a firmare un foglio in cui accetta di vestirsi "da donna"; jeans, sneakers e cappellini da baseball sono considerati – per uno stereotipo tristemente radicato anche in società più aperte come la nostra – indumenti maschili, e non è bene che una donna li sfoggi. Ma se Kasha è in grado di rinunciare, pur soffrendo, al suo amato look, di certo non può e non vuole cambiare quella che è: è lesbica, e non ha nessuna intenzione di fingere il contrario. Naturalmente, il suo coraggio la porta a un passo dall'ennesima espulsione: ed è la mamma Julie a intervenire per permettere alla figlia di proseguire gli studi, l'unica opportunità per conquistarsi un futuro migliore. Julie, per proteggere Kasha, mette in scena una recita con l'amministrazione universitaria: interpreta la parte di una madre disperata che non sa che pesci pigliare con la figlia malata di una malattia per cui non c'è cura. In realtà i genitori di Kasha sono i suoi primi sostenitori e sono fieri di avere una figlia così eroica e leale, ma lo stratagemma funziona: il rettore, mosso a pietà, consente a Kasha di finire l'università. «È stata dura sapere che mia mamma ha detto quelle cose su di me, ma lo ha fatto per salvare la mia formazione, perché questa volta erano davvero determinati a farmi fuori.»

È il 2003 quando Kasha, insieme ad altri amici, fonda Freedom and Roam Uganda (FARUG), la prima organizzazione del Paese che si batte per il cambiamento della politica e delle leggi discriminatorie contro gay, lesbiche, bisessuali, transessuali e intersex. Raccoglie testimonianze che fanno emergere ancora di più una realtà agghiacciante: gli omosessuali sono trattati come appestati, molti preferiscono vivere in clandestinità, proteggendosi con un matrimonio di facciata, tantissime lesbiche hanno figli nati dagli stupri da parte degli stessi famigliari, le attiviste sono brutalizzate dalle forze dell'ordine. Kasha va avanti a lottare, promuove l'attività dell'organizzazione, cerca finanziatori internazionali, sempre rischiando in prima persona. Quando compie trent'anni apre un bar nei sobborghi di Kampala: Sappho Island, che diventa un importantissimo punto di ritrovo per le minoranze oppresse, ma che è costretta a chiudere dopo pochi mesi per i continui attacchi. Questi sono anni difficili per Kasha, che tuttavia non si fa da parte nemmeno quando la situazione diventa davvero pericolosa: nel 2010 l'edizione ugandese di "Rolling Stone" pubblica un elenco corredato di fotografie di più di cento persone sospettate di avere un orientamento omosessuale. Il titolo dell'articolo è atroce, mostruoso: *Hang them*, "impiccateli". Il nome di Kasha, naturalmente, rientra nella lista. Ma gli attivisti non subiscono passivamente questo barbaro attacco: fanno ricorso contro l'editore, e l'anno successivo vincono la causa ottenendo anche un risarcimento. Una consolazione che non basta ad ammorbidire il dolore per la morte assurda di David Kato, attivista e compagno di lotta che viene massacrato a martellate.

Ancora una volta, però, Kasha non demorde: intraprende una battaglia appassionata contro l'Anti-Homosexuality Act, e nel 2014 fonda "Bombastic" (che è anche il suo nickname sui social), una rivista gratuita che si occupa di tematiche LGBT, con l'obiettivo di educare la società ugandese e sconfiggere lo stigma che da sempre affligge la comunità omosessuale. «Sto vedendo dei cambiamenti nella comunità LGBT, e la gente ora può rendersi conto di non essere sola» dichiara alla CNN. Grazie al suo impegno, ha ricevuto numerosi premi prestigiosi: il più importante è il Right Livelihood Award 2015, un riconoscimento internazionale che viene assegnato alle persone che lottano per una società migliore.

Oggi Kasha è una donna indomita, che non ha paura di continuare a vivere in un Paese che ama ma che ancora non le garantisce nessun diritto: «Non lascerò mai l'Uganda. Qui sono nati i miei genitori. È il posto più bello del mondo. Resterei qui anche se dovessi marcire in prigione». Malgrado le difficoltà, è riuscita a costruirsi un'isola felice: vive a Kampala con la sua compagna e il loro cane pastore di nome Arzu Don Pedro, va ai party e la domenica le piace cucinare per gli amici. Ma è sempre pronta a scendere in prima linea, perché i diritti umani non vengano più calpestati, e perché tutti possano essere liberi di amare e di essere se stessi: «Io non mi arrenderò mai. Che senso ha vivere se non hai la libertà di vivere come sei?».

ANNA
PAVLOWA
Triumphal North American Tour
and her
"The Greatest Dancer of All Time"
J. C. WILLIAMSON LTD.
PRESENT
ANNA
PAVLOVA
and her
SAISON BALLET RUSSE
PAVLOWA
CENTURY
THE EVENT OF THE YEAR
SPECIAL MATINEE
Wednesday, Jan. 17th, 1912
ANNA
PAVLOVA

ANNA PAVLOVA

Rosa Anna Pavlova, ibridata da Peter Beales nel 1981. Le corolle sono di un languido rosa tenue che diventa più scuro verso il centro, sui bordi e sul retro dei petali. Il profumo è dolce e intenso, simile a quello delle rose damascene. L'arbusto è di misura media ed eretto, formato da grossi e lunghi steli che portano un fiore ciascuno, perfetti anche per essere recisi.

"Preparate il mio costume da cigno!"

Questa è la storia di un'incredibile forza di volontà che spinge una bambina esile e dalla salute delicata a inseguire un sogno con tutte le sue forze e contro ogni buon senso; è una storia di testardaggine, passione e talento che assomiglia più a una favola che alla vita reale.

E infatti nasce tutto da una favola che la piccola Anna, chiamata Niura in famiglia, va a vedere a teatro quando ha solo otto anni. Siamo a San Pietroburgo nel 1889, e l'occasione è più che speciale visto che la madre di Niura decide di spendere dei soldi preziosi per comprare due biglietti per il balletto *La bella addormentata* con la musica di Pëtr Il'ič Čajkovskij. Per una famiglia che si arrangia a sbarcare il lunario andare a teatro è una piccola pazzia, ma quella serata sarà la miccia esplosiva di un destino straordinario. Mamma e figlia ancora non lo sanno quando prendono posto emozionate tra il pubblico elegante del Teatro Mariinskij, ma la piccola Anna è quasi febbricitante quando torna a casa, in preda a un'insolita emozione, perché ha già deciso il suo futuro: nessuno le toglierà più dalla testa l'intenzione di diventare la più grande ballerina del mondo. E così sarà.

Ma dovrà aspettare ancora due anni per presentarsi alle severe selezioni del Balletto Imperiale, e nel frattempo farà molta fatica a convincere la madre, preoccupata per quello che immagina sia più un capriccio che una vera inclinazione, dato che la bambina non ha esattamente quel che si dice un *physique du rôle*; appare a tutti troppo gracile e magra per i grandi virtuosismi dei ballerini dell'epoca.

E invece la piccola Niura, contro ogni previsione, saprà trasformare quelli che sembrano degli svantaggi in straordinari punti di forza. In pochi anni Anna Pavlova riuscirà a creare uno stile personale aereo e poetico, e rivoluzionerà la danza del tempo imponendosi come la fondatrice di una nuova tendenza romantica che farà scuola su tutti i palcoscenici del mondo. Ma la strada è ancora lunga e non basta solo il talento, come lei stessa ricorda: «Nessuno riesce ad avere successo solo grazie al talento. Dio dà il talento, è il duro lavoro a trasformarlo in genio». E Anna, che ha "le giunture di un fragile uccellino", possiede in cambio una volontà d'acciaio che la spinge a studiare e a esercitarsi fino allo sfinimento. Grazie a questa determinazione a soli venticinque anni è già prima ballerina del Teatro Mariinskij e il pubblico accorre da tutta la Russia per applaudire la sua grazia. Ora la madre è in prima fila ad ammirarla, ancora incredula dello straordinario successo di questa giovane figlia che ogni sera sulla scena si trasforma in una nuova creatura eterea e impalpabile. Ormai Niura è diventata la Pavlova e con il suo corpo stilizzato, quasi volando sulle punte come una farfalla, comincia a dar vita ai sogni dei più grandi coreografi dell'epoca. Le severe lezioni del grande maestro italiano Enrico Cecchetti, soprannominato "il ciclone", le hanno insegnato il rigore e l'abnegazione, qualità indispensabili per eccellere; ma per entrare nella leggenda le serve un *coup de théâtre* che possa esaltare definitivamente le sue qualità, e per lei il destino si presenta sotto forma di un raffinato cigno. Anni prima il musicista Camille Saint-Saëns aveva composto *Il carnevale degli animali*, un'opera dai toni umoristici e canzonatori che conteneva nel finale un quadro di una forte intensità drammatica dedicato alla morte di un cigno; Michel Fokine, genio della coreografia, estrapola per Anna quel movimento musicale creando un "solo" di rara potenza. Vestita di un leggero tutù di piume di cigno, Pavlova interpreta questo toccante balletto con uno stile unico e commovente, una sequenza quasi onirica in cui riesce a incarnare con la danza la fragilità della vita e il mistero della morte, legando per sempre "la morte del cigno" al suo nome e alla sua strabiliante carriera.

Ora Anna è una vera star del balletto ma continua a prendere lezioni dal maestro italiano come una scolaretta alle prime armi, vuole a tutti i costi correggere dei lievi "difetti" nelle impostazioni delle mani e della schiena: dettagli insignificanti, che però la perfezionista che è in lei non può permettersi di trascurare. Ed è anche per questa straordinaria professionalità che la compagnia dei Balletti Russi diventerà famosa in tutto il mondo: grazie alle moderne coreografie di Michel Fokine, all'estro di un impresario come Sergej Djagilev e a ballerini come Pavlova e il mitico Vaslav Nijinsky, nei primi del Novecento non si parlerà d'altro che di questi spettacoli innovativi, in cui tutte le arti – dalla scenografia alla musica, dal ballo ai costumi – vengono fuse insieme creando dei piccoli capolavori d'avanguardia. Anche il pubblico parigino ne è ammaliato e ogni nuova rappresentazione al Teatro Châtelet suscita scalpore e consensi. Ma Anna, nel pieno del successo, decide di abbandonare questa avventura perché ormai si sente una vera solista e ha bisogno di percorrere la propria strada fondando una compagnia che potrà plasmare artisticamente per le sue performance da primadonna.

Si trasferisce a Londra, dove compra un'elegante casa con un sontuoso giardino completo di un piccolo lago, che diventerà la dimora di due meravigliosi cigni bianchi, ormai animali magici per Anna, quasi dei talismani viventi che la ballerina cura e nutre con dedizione. Adesso però è sempre più difficile ammirare la Pavlova in Europa: Anna è diventata ormai un'attrazione internazionale, richiesta dai palcoscenici di tutto il mondo, e ovunque una folla adorante le decreta un successo dietro l'altro, omaggiandola con standing ovation ai confini della venerazione.

Ogni sera il camerino e i corridoi dei teatri dove si esibisce sono invasi da decine e decine di enormi mazzi di rose, ma Anna non perde la testa, anche se volteggia sulle punte è una donna con i piedi per terra e non smette di esercitarsi e lavorare sodo insieme alla sua nuova compagnia, che ormai è una famiglia allargata in perenne tournée in tutti i continenti: dietro a un cigno così fragile, in realtà si nascondono un carattere e una volontà di ferro. Nel 1913 è in America del Nord, poi fa tappa in America del Sud, Giappone, Africa e perfino Nuova Zelanda e Australia dove, invece di dedicarle rose, un geniale pasticcere creerà in suo nome una torta a base di panna e meringhe che ancora oggi è nei menu dei migliori ristoranti di Melbourne. Anna è instancabile e in quindici anni di tournée riesce a percorrere mezzo milione di chilometri esibendosi in più di quattromila serate senza mai perdere la freschezza e l'amore per la sua arte. Non è più solo una grande ballerina ma anche una sorta di "missionaria della danza", una divulgatrice appassionata che riesce a diffondere la conoscenza di questa arte anche nei luoghi dove il balletto è totalmente sconosciuto.

Le foto dell'epoca la ritraggono tra stazioni affollate e transatlantici in partenza, misteriosa ed elegante come un'eroina di un film muto, e non a caso anche la neonata arte del cinema si accorgerà di lei; è Lois Weber a sceglierla, una pioniera della settima arte che meriterebbe anche lei una cascata di rose. Anna gira con la regista *The Dumb Girl of Portici*, un melodramma strappalacrime che esalta il suo sguardo penetrante... Ma è una parentesi che non la infiamma più di tanto, il suo posto rimane il palcoscenico perché solo dopo aver indossato le sue magiche scarpette, confezionate su misura per lei da una piccola bottega di Milano, si sente felice proprio come quella sera che da bambina, seduta nel buio della sala del Teatro Mariinskij, ha visto il suo primo balletto.

E per rincorrere quel sogno Anna non smetterà mai di ballare, fino all'ultimo, tanto che allo scoccare del suo cinquantesimo anno è ancora in tournée: sta raggiungendo l'Olanda per una première all'Aja, ma il treno su cui viaggia ha un piccolo incidente. È inverno e fa molto freddo, per fortuna non è niente di grave e nessuno si è fatto male, però i passeggeri vengono fatti scendere per verificare il guasto e rimangono per ore all'addiaccio. Pavlova passeggia lungo le rotaie vestita solo di un leggero pigiama di seta e di uno scialle: questa è una delle ultime immagini che la storia ci consegna, una figura eterea che cammina silenziosa in una notte glaciale. Quando finalmente arriva a destinazione Anna è malata, sembra solo un brutto raffreddore ma purtroppo si trasforma in brevissimo tempo in una polmonite fulminante; per questa assurda banalità, Anna Pavlova perde la vita il 23 gennaio del 1931 in una stanza dell'Hotel des Indes dell'Aja.

Gli amici ricordano che sul letto di morte volle stringere a sé per l'ultima volta il suo costume da cigno, un aneddoto forse troppo struggente per essere vero, ma tutta la vita della Pavlova oscilla tra fiaba e realtà, fino alla sera del mancato debutto quando la compagnia, per omaggiarla, ha fatto partire la musica della sua *Morte del cigno* lasciando il palcoscenico vuoto, spazzato solo dalla luce bluastra di un riflettore.

Anche nell'ultimo spettacolo, Anna ha avuto il suo meritato trionfo.

唐李太白上陽臺

QIU JIN

Rosa Chinensis Mutabilis, affascinante rosa antica di origine cinese. I fiori sono semplici, con petali allungati e stropicciati e stami grandi e dorati. In boccio i fiori sono rosso scuro ma, invecchiando, passano dall'arancio al rosa, al cremisi, al giallo e al camoscio. L'effetto di questi fiori di colori tutti diversi sulla stessa pianta è molto poetico: vengono spesso paragonati a farfalle posate tra i rami dell'arbusto.

"Non dirmi che le donne non sono fatte per essere eroi. / Io stessa ho cavalcato da sola sui venti dei mari dell'Est per diecimila leghe / i miei pensieri poetici si sono espansi / come una vela tra oceano e cielo." A scrivere questi versi è una giovane donna cinese, potrebbe firmarsi "Jianhu Nüxia", "guerriera del lago Jian", o "Jing Xiong", "colei che compete con gli uomini", alcuni dei suoi tanti pseudonimi, ma il suo vero nome è Qiu Jin e nasce nel 1875 a Xiamen in Fujian, una provincia nel Sudest della Cina.

Jin proviene da una famiglia agiata e per essere una ragazza riceve un'ottima educazione. Le piace andare a scuola e leggere molti libri, ma anche andare a cavallo e stare all'aria aperta. Sin da piccola comincia a comporre versi romantici e ad appassionarsi alle eroine della mitologia cinese, e sogna di diventare una grande poetessa. Nonostante la liberalità dei genitori, Jin è costretta a sottoporsi come tutte le altre bambine della sua età a un'antica tradizione che obbligava le ragazze a fasciarsi i piedi, per impedir loro di crescere regolarmente, con una tecnica chiamata Loto d'oro. L'ideale di bellezza femminile, dettato da una crudele consuetudine, costringeva le donne a subire questa tortura per ottenere piedi piccoli e un'andatura flessuosa e fragile come quella di un fiore di loto che oscilla al vento. L'operazione era dolorosissima, durava anni e poteva provocare malattie e infezioni gravi, ma era indispensabile per dimostrare il grado di sottomissione e la docilità di carattere di una futura sposa.

Jin si ribella a questa imposizione e decide di togliersi le fasce, ma non avrà la stessa forza per opporsi al matrimonio combinato che il padre le impone quando ha ventun anni. Da figlia obbediente s'inchina al volere dei genitori, tuttavia sarà l'ultima volta che Jin abbasserà la testa, o meglio sarà costretta a farlo solo un'altra volta, quando dovrà porgerla al boia il giorno della sua condanna a morte come traditrice della patria. Nel frattempo, però, avrà vissuto una vita da donna libera, come aveva sempre desiderato.

Nonostante la nascita di due figli, i suoi anni di matrimonio sono tristi e solitari, il marito la trascura e la tratta come fosse "meno di niente". Jin è costretta a vivere segregata negli appartamenti femminili e, come vuole la tradizione, totalmente soggetta al volere del coniuge e della suocera. Le poesie di questo periodo sono malinconiche e piene di amarezza; anche se è riuscita a sciogliere le bende che le imprigionavano i piedi "liberandosi da millenni di veleni", si rende conto che il cammino per un'esistenza dignitosa e libera è ancora lungo e pieno di ostacoli.

Nel 1900 il marito viene trasferito per lavoro a Pechino, la famiglia lo segue e questo cambiamento si trasforma per Jin nell'occasione che cercava. Nella capitale cinese comincia a frequentare gli ambienti intellettuali e ad appassionarsi alle idee politiche dei nazionalisti che criticavano aspramente il dominio della dinastia Qing e le ingerenze sempre più pressanti delle potenze straniere. Frequenta circoli femminili in cui si discute di nuovi ruoli della donna nella società e, come una novella George Sand, comincia provocatoriamente a vestirsi da uomo. La sua immagine è completamente cambiata, le rare foto dell'epoca ce la mostrano esile e senza trucco, con uno sguardo intenso e combattivo che vuole sfidare il mondo. È inevitabile che il rapporto con il marito, che invece si dedica al libertinaggio e alla vita mondana, si spezzi completamente.

Nel 1904 Jin prende una decisione inaudita per i tempi: abbandona la famiglia e, dopo aver venduto tutti i suoi gioielli, parte per il Giappone dove ha intenzione di approfondire i suoi studi. A Tokyo si iscrive all'Università pratica femminile, fondata dalla poetessa e educatrice Utako Shimoda, un'altra pioniera che rivendica la necessità dell'educazione per le ragazze; ma soprattutto Jin frequenta i gruppi di fuoriusciti cinesi e le società segrete che complottano per rovesciare il governo in patria. Scrive saggi, articoli e poesie che invitano le donne a ribellarsi alle regole feudali e a unirsi alla causa rivoluzionaria: "Ora vorrei incitare l'essenza stessa delle donne – il loro spirito – ad alzarsi in volo come gli uccelli sopra i campi, a lasciare rapidamente la polvere della terra, affinché possano attraversare la frontiera per entrare nel grande mondo della luce e dello splendore. Vorrei che fossero guide, leoni risvegliati, messaggere di cultura e intelligenza".

La sua nuova vita comprende anche un serio addestramento con la pratica delle arti marziali, Jin non vuole solo teorizzare la rivolta ma parteciparvi anche fisicamente, e si prepara come un vero soldato: "Anche se non sono nata uomo / la mia volontà è molto più forte della loro!". Non a caso la sua eroina di riferimento è Hua Mulan, la leggendaria guerriera cinese che si travestì da uomo per sostituire il padre malato nelle battaglie contro gli Unni; Jin non la ricorda solo nelle sue poesie, ma la celebra a modo suo anche nella vita quotidiana, portando spesso una spada con sé e facendosi chiamare "Jing Xiong", "colei che compete con gli uomini". Nel 1906 il governo giapponese emana nuove regole per espatriare gli studenti cinesi più radicali e Jin è costretta a tornare in Cina; il suo spirito ribelle però non si arrende e insieme alla poetessa Xu Zihua, a cui è legata da una profonda amicizia, fonda uno dei primi giornali femministi, il "Zhongguo nu bao", "il giornale delle donne cinesi": le due amiche con articoli appassionati incoraggiano le donne a lottare per la loro educazione, le esortano a uscire dalla famiglia, trovarsi un lavoro e diventare indipendenti. "Tutti i giovani intellettuali cantano 'Rivoluzione, Rivoluzione', ma io dico che la rivoluzione dovrà necessariamente partire dalle nostre case, dalla conquista di diritti paritari per le donne."

Purtroppo la maggior parte della popolazione femminile non sa leggere, e Jin decide di girare per le campagne con una serie di comizi con cui spera di allargare la coscienza delle donne sottomesse da millenni.

È un'idealista guidata da una fede incrollabile, ma come molti suoi compagni di lotta non si rende conto che gli abitanti delle comunità rurali non sono ancora pronti al grande cambiamento rivoluzionario. La dinastia Qing era sicuramente arrivata al tramonto, indebolita da corruzione e lotte intestine, eppure ci vorranno ancora anni di battaglie e guerre fratricide per coinvolgere le masse in un sogno comune. Jin insieme al cugino Xu Xilin dà vita alla scuola Datong a Shaoxing, un istituto che dovrebbe preparare insegnanti di varie discipline sportive ma che in realtà nasconde un centro di addestramento per i futuri rivoluzionari.

Nel luglio del 1907 suo cugino Xu viene catturato durante un'azione, sottoposto a torture e poi giustiziato dalle forze governative; quando Jin legge sui giornali della sua esecuzione le consigliano di fuggire, verranno sicuramente ad arrestarla nel giro di poche ore, ma lei non si muove dalla scuola. Come scrive a un'amica, ha deciso che resterà: è pronta a morire per la causa, non può fare altro per non tradire i suoi principi. Il 15 luglio, dopo un processo sommario in cui l'accusa principale è quella di aver scritto poesie inneggianti alla rivoluzione, Jin viene decapitata a soli trentun anni nella piazza del suo villaggio natale.

Immediatamente si trasforma in un'eroina nazionale e i suoi versi si diffondono in tutto il Paese, arrivando fino a noi con la loro carica eversiva: esattamente quello che il regime con i suoi metodi barbari non avrebbe mai voluto. "Con tutto il cuore imploro e supplico i duecento milioni di donne mie connazionali a prendersi le loro responsabilità di cittadine. Insorgete! Insorgete! Donne cinesi, insorgete!"

Secondo un'antica leggenda cinese, una perla creata nella Via Lattea da un drago cadde sulla Terra e si trasformò nel romantico Lago dell'Ovest vicino alla città di Hangzhou: è lì che Qiu Jin aveva espresso il desiderio di essere sepolta, ma la famiglia, per paura delle ripercussioni politiche, abbandonò il suo corpo in una fossa comune. La poetessa Xu Zihua, l'amica più cara di Jin, decise di sfidare le autorità e nella notte di Capodanno del 1907, dopo aver trafugato le spoglie, riuscì a trasportarle furtivamente sulle rive del lago attraversando le acque durante una furiosa tempesta di neve.

Oggi Jin riposa in questo struggente paesaggio, e a ricordarla c'è una statua che la ritrae armata della sua fedele spada mentre scruta con fierezza l'orizzonte del Paese a cui ha consacrato la vita.

Die Weisse Rose

SOPHIE SCHOLL

Rosa Sophie Scholl, introdotta in Germania da Ewald Scholle nel 2005. Presenta bei fiori stradoppi, di colore bianco-verdastro, moderatamente profumati. È una rosa arbustiva moderna rifiorente di medie dimensioni e dal portamento eretto.

"Nonostante l'orrore tutto è così bello."

«Chi non conosce Heinrich Heine, non conosce la letteratura tedesca.» A pronunciare questa frase perentoria è una giovanissima Sophie Scholl durante un incontro di letture della Hitler-Jugend, l'associazione della gioventù nazista. Sophie, come i suoi fratelli, aveva aderito con entusiasmo ai nuovi ideali professati da Hitler che promettevano una Germania libera e indipendente, dove ogni cittadino avrebbe goduto di pane e lavoro e la nazione sarebbe risorta in una nuova era di prosperità e grandezza. Parole meravigliose per un popolo ridotto in ginocchio dalla crisi del dopoguerra, e che i giovani Scholl come altri milioni di ragazzi tedeschi avevano accolto con fiducia.

Ma quel pomeriggio alla Hitler-Jugend, quando propose di leggere dei brani di Heine, il suo poeta preferito, Sophie capì che le cose non stavano proprio come le avevano raccontato.

La capogruppo la guardò con disappunto, spiegandole che Heine era uno scrittore di sinistra, pacifista ed ebreo: i suoi libri erano stati messi al bando e bruciati dal ministro della Propaganda Joseph Goebbels, e lei avrebbe fatto bene a fare altrettanto. La replica animata di Sophie in difesa di Heine fu la sua prima presa di coscienza e l'inizio di un inevitabile allontanamento dal nazismo e dalle sue false promesse di benessere e giustizia con cui aveva conquistato il popolo tedesco.

Non era proprio Heine che aveva dichiarato: "Là dove si bruciano libri, si bruciano anche esseri umani"? Quale movimento avrebbe assicurato un futuro migliore al Paese proibendo ai giovani di leggere i poeti e gli scrittori più amati e allontanando dalla scuola prima i compagni ebrei e poi i professori che non aderivano incondizionatamente alle idee del Führer? Per Sophie e i suoi fratelli è una montagna che si sgretola giorno dopo giorno; sono solo dei ragazzi ma non possono accettare quella deriva autoritaria e sempre più violenta che ormai pervade ogni livello della società tedesca. Il padre Robert, un vecchio pacifista cattolico, aveva provato ad aprire loro gli occhi, intuendo sin dall'inizio le insidie nascoste dietro quella propaganda martellante ma, da vero liberale, non aveva impedito ai figli di seguire le idee che avevano scelto. Proprio questa educazione famigliare fondata sui valori della condivisione e della tolleranza li aiuterà a ragionare di testa propria e a intuire l'orrore che si stava delineando all'orizzonte.

Ma nella Germania degli anni Trenta non è facile per un giovane allontanarsi dal sentiero tracciato da una campagna governativa ossessiva e onnipresente. Coltivare un pensiero libero è un'impresa sempre più ardua e soprattutto pericolosa: persino i bambini vengono spronati a denunciare i famigliari nel caso ascoltino nell'ambiente domestico frasi contrarie al governo del Führer.

La vita scolastica e il tempo libero sono irreggimentati in attività obbligatorie che tendono a militarizzare interamente le giornate degli studenti. Sophie si sente sempre più lontana da quel finto entusiasmo urlato nelle adunate di massa e perde totalmente interesse per le lezioni, che hanno l'unico scopo di formare giovani fedeli al nazismo attraverso un continuo lavaggio del cervello. Rivolgersi agli scrittori che ama è l'unica arma che le resta per combattere la sua silenziosa battaglia spirituale: sono letture proibite, autori che vengono considerati "degenerati" dal regime, ma per Sophie diventano il solo baluardo contro il male che si è diffuso come un veleno nella società. Insieme a suo fratello Hans divora Stefan Zweig, Hans Carossa, Stefan George, Thomas Mann e Georges Bernanos e soprattutto il Vangelo, che con i suoi insegnamenti rimane per lei la bussola da seguire in quell'epoca così tormentata. Nonostante la connivenza delle alte sfere ecclesiastiche con il governo del Reich, il contrasto tra l'ideologia nazista e i valori del cristianesimo appare a Sophie sempre più evidente, e ormai non ha dubbi sulla strada da seguire.

Dopo il diploma, Sophie è obbligata, come tutti i suoi coetanei, a lavorare per sei mesi nel RAD, un corpo ausiliario che fornisce un supporto alla Wehrmacht in campo civile. L'esperienza è scioccante e le fa toccare con mano il sistema di indottrinamento nazista: le ragazze in divisa sono costrette a vivere come prigioniere in balia di insegnanti fanatiche che le obbligano a una vita paramilitare; ormai Sophie ha elaborato una coscienza diversa e non ha più intenzione di sottomettersi al conformismo dominante.

In quei giorni scrive lettere accorate al fratello Hans firmandole "la tua sorella duramente provata" e la sera, grazie alla complicità del sacerdote che le ha consegnato di nascosto le chiavi della chiesa, scappa dal campo insieme alla sua amica Gisela per andare a suonare fughe di Bach e Händel sull'organo della parrocchia. Questa piccola resistenza spirituale le permetterà di conservare integra la sua dignità: "Meglio un dolore insopportabile che un apatico vegetare. Meglio una sete bruciante, preferisco chiedere dolore, dolore, che sentire un vuoto. Ma allora non è forse anche il dolore un dono di Dio?". Così Sophie scrive sul suo diario: è solo una ragazza, le foto di quegli anni ce la mostrano sempre sorridente, con un visetto quasi da monella incorniciato da un taglio alla maschietta che la fa sembrare ancora più giovane, ma in realtà sotto questo aspetto innocente si nasconde ormai una donna armata di una forte consapevolezza e soprattutto di una determinazione inflessibile.

Finalmente nel 1942 Sophie può raggiungere il fratello a Monaco e iscriversi all'università per studiare Filosofia e Biologia: Hans è appena tornato dal fronte russo dove vengono inviati gli universitari per portare sostegno alle truppe – nessuno può esimersi dall'aiutare la patria in guerra. I racconti del ghetto di Varsavia e della disperata condizione degli ebrei non fanno che rafforzare il senso di ribellione in Sophie e nel gruppo di universitari amici dei fratelli Scholl; le più nere previsioni si stanno avverando, e le sconfitte tedesche non fanno che acuire il vortice di follia messo in atto dal Terzo Reich. La famiglia ha anche vissuto l'ingiusta incarcerazione del padre Robert, denunciato da una collaboratrice per aver definito in pubblico Hitler "un flagello di Dio per l'Europa": dopo quattro mesi viene rilasciato, ma rimane attenzionato dalla Gestapo.

La situazione in Germania è sempre più cupa e il potere nazista più feroce e vendicativo nei confronti di ogni minimo dissenso, ma nonostante il terrore, uno sparuto gruppo di ragazzi decide che non è più il momento di restare a guardare. Hans Scholl, insieme a pochi altri studenti spalleggiati da un professore dell'università, fonda il movimento clandestino della Rosa

Bianca, simbolo di purezza e di pace; hanno intenzione di agire contro l'indifferenza di chi davanti all'orrore ha deciso di voltare la testa dall'altra parte, e cominciano a stampare volantini anonimi contro il regime, che spediscono a ogni indirizzo di Monaco. All'inizio Hans, per proteggerla, tiene la sorella all'oscuro delle sue azioni sovversive, ma Sophie scopre i documenti e si arruola immediatamente senza che nessuno possa obiettare. Ormai è determinata, e il suo aspetto innocente servirà da lasciapassare per le azioni più pericolose. Le rappresaglie dei nazisti sono crudeli, ma per Sophie il vero nemico è il "sonno complice" che ha messo radici nell'anima del popolo tedesco e gli impedisce di vedere la realtà. "Tutti vorrebbero liberarsi da questa complicità, ciascuno cerca di farlo, ma poi ricade nel sonno con la più grande tranquillità di coscienza. Ma non è possibile scagionarsi: ciascuno è colpevole, colpevole, colpevole!"

Il gruppo della Rosa Bianca è completamente atipico nel panorama dei movimenti di resistenza: non aderisce a nessuna ideologia di partito ma solo a dei valori di pace e giustizia, e per combattere, al posto delle armi, usa semplici parole. Gli studenti che ne fanno parte sanno benissimo che questa azione potrebbe costar loro la vita, ma non rinunciano alla verità che ritengono ormai l'unica salvezza per riscattare l'onore perduto del loro popolo: "Noi non taceremo, noi siamo la voce della vostra cattiva coscienza; la Rosa Bianca non vi darà pace [...] Non dimenticate che ogni popolo merita il governo che tollera!".

Con la sigla "La Rosa Bianca", durante il 1942 e le prime settimane dell'anno successivo, vedono la luce sei volantini stampati e distribuiti clandestinamente: lo scopo principale è invitare i cittadini alla ribellione e al sabotaggio, fornendo una dettagliata controinformazione sulla condizione dei campi di sterminio e le sconfitte dell'esercito di Hitler. Ma l'intenzione dei ragazzi è anche quella di accendere una scintilla di dignità nelle coscienze assopite della loro amata Germania. A questo scopo trascrivono i discorsi del vescovo di Münster – il cardinale von Galen –, grande oppositore del regime, e le frasi degli scrittori riconosciuti come gli unici padri del vero spirito tedesco.

Contro la "banalità del male", gli studenti della Rosa Bianca decidono di ridare il giusto valore alle parole abusate e umiliate dal nazismo: "Libertà e onore! Per dieci lunghi anni Hitler e i suoi seguaci hanno spremuto fino alla nausea queste due magnifiche parole tedesche, le hanno svuotate, alterate come possono fare soltanto i dilettanti che gettano ai porci i più alti valori di una nazione". Una lotta non violenta ma potentissima che mina nel profondo le fondamenta dell'ideologia dominante, svelando le menzogne con cui ha ammansito il popolo.

La caccia agli autori anonimi di questi pericolosi messaggi si fa sempre più incalzante, la Gestapo non può sopportare questo affronto ma i ragazzi non demordono, e non solo aumentano le copie dei loro documenti sovversivi, ma decidono anche di alzare il tiro distribuendoli in altre città. Sophie, munita di documenti falsi, prende il treno caricandosi una pesante valigia piena di volantini che scottano e li distribuisce nelle stazioni, alle fermate degli autobus, nei cinema; naturalmente ha paura, non è certo l'eroina di un film, ma una ragazza normale, armata solo della sua coscienza.

Il 18 febbraio del 1943 Hans e Sophie arrivano all'Università di Monaco con una borsa zeppa di volantini; è il nuovo messaggio della Rosa Bianca, il sesto, ma sarà anche l'ultimo. Lo scritto si conclude con questa frase: "In nome della gioventù tedesca esigiamo dallo Stato di Adolf Hitler la restituzione della libertà personale, il bene più prezioso dei tedeschi che egli ci ha tolto nel modo più spregevole". Quando stanno lanciando gli ultimi fogli ciclostilati dal terrazzo dell'edificio, il guardiano dell'istituto li vede e subito li denuncia alle autorità. I due fratelli sono arrestati e rinchiusi nel carcere di Stadelheim. Sophie viene torturata per quattro giorni di seguito dalla Gestapo, ma non rivela mai i nomi degli altri componenti del gruppo.

Il 22 febbraio del 1943 i fratelli Scholl affrontano un processo farsa presso il Tribunale del Popolo, e si difendono ancora una volta solo con parole limpide e piene di dignità.

Pubblica accusa: «Perché così giovane correte simili rischi per delle idee che non hanno fondamento?».

Sophie: «Io seguo la mia coscienza [...] Non rinnego nulla, siete voi ad avere una visione sbagliata del mondo. Sono convinta di aver agito nell'interesse del mio popolo, non mi pento di questo e ne accetterò tutte le conseguenze».

Pubblica accusa: «Allora è finita, signorina Scholl».

Dopo poche ore viene emesso un verdetto di colpevolezza per alto tradimento e i due ragazzi sono ghigliottinati la sera stessa.

Una compagna di cella racconta che mentre attendeva il giudizio Sophie era serena, e guardando il cielo le sussurrò: «Una giornata di sole così bella, e io me ne devo andare».

Un esemplare del volantino numero sei riuscì ad arrivare di contrabbando oltre il confine tedesco e fu ristampato in milioni di copie che vennero lanciate dall'aviazione alleata nei cieli della Germania. Anche quel giorno era una splendida giornata di sole.

Lent
Du plus loin que me re – vien – ne
El – le fut lon – gue la rou – te
L'om – bre de mes a – mours an – cien – nes
Mais je l'ai fai – te la rou – te
Du plus loin du
Cel – le – là qu
BARBARA

MONIQUE SERF (Barbara)

Rosa Hommage à Barbara. Splendido ibrido di tea creato da Delbard nel 1997, dai fiori di un sontuoso rosso profondo con inconsueti e ben visibili riflessi neri, che conferiscono loro un aspetto vellutato. La fioritura è eccezionalmente prolungata e ripetuta. Resiste molto bene alla calura e alle malattie.

C'è una grande storia d'amore immortalata in una canzone, questa volta non si tratta di una coppia fulminata dal destino ma di qualcosa di più grande. C'è una cantante, vestita di nero, con lo sguardo intenso e gli occhi segnati da una spessa riga di kajal; si muove sul palco lenta come un ghepardo e colpisce dritto al cuore con una voce avvolgente e vellutata che possiede però anche un retrogusto metallico che dà la nota del dolore. Il pubblico più che ascoltarla la divora e non perde una sfumatura di quel brano, perché sa che è lui il protagonista della storia che Barbara sta cantando: "*Ma plus belle histoire d'amour c'est vous*" è una dichiarazione che la cantante francese non ha scritto per un amante ma per tutti i suoi spettatori appassionati, che da quando l'hanno scoperta non l'hanno mai più abbandonata. Barbara, che in realtà si chiama Monique Serf, li ha cercati per anni, sin da quando era una ragazzina con le ginocchia sbucciate ma era già posseduta da quello che più che un sogno è stato la sua magnifica ossessione: cantare, non ne può fare a meno.

E anche una volta raggiunto il successo l'artista ha continuato a ripeterlo in ogni intervista: "Sono sicura solo di una cosa, e cioè: cantare o morire". Basta ascoltare per pochi minuti una sua canzone e si capisce subito che non c'è nessuna retorica in questa affermazione estrema: per Barbara esprimersi con il canto è sempre stata una necessità vitale come respirare, e il pubblico la ama proprio per questa autenticità priva di qualsiasi pudore. Ma come ci racconta la canzone, la strada per arrivare a questo appuntamento magico è stata lunga e impervia, sin da bambina, quando insieme alla famiglia è stata costretta a cambiare continuamente città per sfuggire alle retate naziste nella Francia occupata. I Serf sono ebrei e come tanti in quegli anni sono obbligati a condurre una vita nomade, spostandosi senza sosta da Marsiglia a Roanne, da Saint-Marcellin a Tarbes: case sempre diverse, partenze nottetempo senza poter salutare gli amici. Un'esistenza precaria che finalmente si quieta alla fine della guerra quando sembra tornare la pace per la famiglia, che si ritiene più fortunata di tante altre che non sono più tornate dai campi di concentramento. Ma ci sarà un'altra ombra a minacciare la serenità della piccola Monique, che ora ha poco più di dieci anni: è una brutta storia che la ragazzina cementa nel suo cuore e di cui parlerà solo nella sua biografia incompiuta uscita dopo la sua morte. "Una sera, a Tarbes, il mio universo precipita nell'orrore." E questo orrore non arriva da fuori ma proprio dalla sua stessa casa. "Ho sempre più paura di mio padre... Ma come posso fare per parlargli? E cosa gli posso dire? Che trovo strano il suo comportamento? Non dico nulla." E tacerà per lunghissimi anni quelle molestie innominabili che non avrà mai il coraggio di chiamare con il loro nome: "incesto". Anche quando alla fine della sua vita deciderà di aprirsi non userà mai questa parola, ma le sue confessioni spiegano una volta per tutte perché le piccole vittime difficilmente trovano la forza di denunciare: “I bambini tacciono perché ci rifiutiamo di credere alle loro parole. Perché si vergognano e si sentono colpevoli. Perché hanno paura. Perché credono di essere soli al mondo con il loro terribile segreto”. Un padre amato e idealizzato che improvvisamente crolla dal suo piedistallo e si trasforma in orco, purtroppo una vecchia storia presente in tante famiglie che Monique decide di rimuovere per sopravvivere: “Da queste umiliazioni inflitte alla mia infanzia, da queste cadute in cui ho toccato il fondo, sono sempre risorta. Certo, mi è servito un sacro gusto di vivere, una sacra voglia di essere felice”. E felice lo vuole essere a tutti i costi, e sa che l’unico modo per riuscirci è cantare e farsi applaudire da un pubblico che la amerà per sempre. Ma la strada è ancora lunga per questo abbraccio purificatore.

Il padre, quando Monique ha diciannove anni, si allontana dalla famiglia, scomparendo letteralmente nel nulla, e comincia per la giovane artista una nuova vita di studio, audizioni e tentativi per fare breccia nel mondo della musica, ma soprattutto delusioni cocenti per i rifiuti e il senso di inadeguatezza che fa fatica a superare. Sono anni che la vedono viaggiare tra il Belgio e la Francia in cerca della sua occasione: se non riesce a cantare nei piccoli club dove si presenta, si offre come cameriera-tuttofare, ogni lavoro va bene pur di respirare quell’aria per lei salutare e imparare dai professionisti sul palco le magie dell’arte dell’interpretazione. Sta cercando il suo stile, è ancora immatura, goffa, insicura, ma comincia a farsi notare cantando gli autori che ammira di più, la famosa triade Brel, Brassens, Ferré di cui esegue le canzoni nei rari ingaggi nei cabaret della Rive Gauche parigina, tempio di quella bohème artistica a cui sente di appartenere sin dalla nascita. Oltre all’innato talento, le grandi qualità della futura Barbara sono la tenacia e la pazienza, due doti indispensabili per chi vuole farsi strada in questo mondo difficile e non mollare mai neanche davanti alle critiche negative e agli applausi tiepidi che a volte accolgono le prime apparizioni: "*Ou chanter ou mourir*".

Ora si esibisce al pianoforte, ha imparato a suonarlo quel che basta, ma per lei lo strumento è anche un rifugio, una piccola corazza che le permette di superare la timidezza e nascondere un corpo che vive con disagio. Monique si vede troppo grossa, alta, in poche parole brutta: non sa come muoversi in scena con questa fisicità che non sente amica e allora preferisce rifugiarsi dietro al piano, rigorosamente nero come i suoi vestiti. Non è un caso che anni dopo Georges Moustaki, diventato suo grande amico, comporrà per lei il bellissimo brano *La Dame brune*.

Passano le stagioni e Barbara si è ormai conquistata una piccola fama nei cabaret, in particolare nel frequentatissimo L'Écluse a Parigi dove, per trenta franchi a sera, si esibisce a mezzanotte per la gioia di pochi intenditori, che la chiamano familiarmente *la dame de minuit*; ma la carriera non si muove da lì e il rischio è che rimanga per sempre una *chansonnière* di quartiere, una delle tante. La svolta arriva quasi per incanto, quando Monique decide di comporre una canzone: è un azzardo per una donna trasformarsi in autrice di se stessa, praticamente è la prima a farlo in quegli anni, né la Piaf né la Greco avevano mai osato tanto. E infatti inizia in sordina, scarabocchia dei testi in camerino, improvvisa note sul suo fidato piano ma non rivela a nessuno quello che sta sperimentando, si vergogna, non si sente all'altezza del gotha dei cantautori: solo ai maschi è concesso di essere poeti, le ragazze possono interpretare le loro magnifiche parole ma non rischiare di più. Siamo agli inizi degli anni Sessanta e finalmente Monique fa ascoltare a una collega una sua composizione, l'amica è subito colpita dall'intensità del brano e minaccia di rubarglielo se l'autrice non si decide a cantarlo la sera stessa. Barbara prende coraggio e, ancorata al suo piano come un naufrago su uno scoglio in un mare in tempesta, intona *Dis, quand reviendras-tu?*: una canzone d'amore malinconica quanto basta ma con un geniale guizzo che la rende moderna e diversa, quando la donna in eterna attesa comunica al suo amore sfuggente: "Se non capisci che bisogna tornare, trasformerò la nostra storia in un bellissimo ricordo". E poi prosegue: "Riprenderò la mia strada [...] andrò a riscaldarmi sotto un altro sole. Non faccio parte di quelli che muoiono di dolore".

In sintesi, un sano "*I will survive*" che spazza via ogni finale melodrammatico. Come tutti i veri artisti Barbara si è sempre schermita e con estrema modestia non ha mai voluto che la chiamassero cantautrice, né tantomeno cantante *tout court*: «Non sono una grande signora della canzone, non sono poetessa, non sono un'intellettuale, non sono un'eroina, sono una donna che canta».

Ma quando finalmente inserisce in scaletta le sue prime composizioni avviene il miracolo. Il pubblico è colpito, ipnotizzato, capisce che c'è qualcosa di così vero e profondo nelle sue storie che non può fare a meno di emozionarsi fino alle lacrime. L'eterna promessa dei piccoli club parigini è arrivata finalmente in cima alla strada e ad accorgersene è proprio Georges Brassens, che la invita ad aprire i suoi concerti al mitico teatro Bobino di Parigi nell'autunno del 1964. Il verdetto è unanime: è nata una star. Oltre al pubblico entusiasta, anche la stampa non ha che elogi per questa originale artista; addirittura i giornalisti si divertono a prendere in giro ironicamente Brassens, scrivendo che si è fatto oscurare dalla luce accecante di questo nuovo talento. A trentatré anni, dopo aver faticosamente camminato per tanto tempo, proprio grazie alle sue canzoni Monique diventa Barbara e nasce la leggenda.

E il fenomeno è ancora più incredibile perché il suo stile intimo e dolente esplode proprio quando il mondo musicale sta per cambiare totalmente; siamo all'alba dei Beatles, dei Rolling Stones e della generazione yé-yé, come si chiamerà in Francia, e non c'è niente di più lontano da questa nuova frenesia delle canzoni di Barbara che non cambierà mai la sua cifra, né tantomeno si farà influenzare dalle mode, rimanendo tutta la vita coerente e fedele alla sua ispirazione. Da questo momento la tanto attesa *histoire d'amour* con il suo pubblico può cominciare, e mentre fa un esaurito dietro l'altro nei più importanti teatri francesi, la stampa la incorona regina della canzone, definendola ammaliatrice, strega, seduttrice e addirittura un po' vampira, perché riesce a risucchiare le emozioni segrete degli spettatori e trasformarle in versi. Ma Barbara è solo una donna che cantando è riuscita a sublimare i propri dolori, e ascoltarla è una cura per tutti quelli che come lei si sentono feriti dalla vita.

Nel 1969 conquista il tempio più ambito della canzone francese: l'Olympia di Parigi. Ormai è una star riconosciuta e alla fine di ogni concerto il pubblico la applaude a lungo, spesso per più di mezz'ora, per trattenerla in scena e non spezzare la magia di quell'incontro. Pur non essendo una diva del rock, Barbara è oggetto delle stesse manifestazioni di isteria dei fan, che arrivano ad attaccarsi alla sua macchina per non farla andare via: la vogliono conoscere, toccare, ma soprattutto condividere le emozioni che le sue canzoni hanno scatenato nei loro cuori. È tutto meraviglioso, ma anche difficile da sostenere e Barbara decide più volte di lasciare la scena; però ritorna sempre perché non resiste al richiamo dell'unico grande amore della sua vita. In realtà di amori ne ha avuti tanti, ma come lei stessa dichiara: «Non ho il talento per la vita a due, né un desiderio così grande di lasciare tutto per un uomo... inesorabilmente ho preso il velo per questa bellezza: la vita di una donna che canta». In compenso nel 1973 deciderà di lasciare Parigi e le sue mondanità per una tranquilla casa in campagna a Précy-sur-Marne, una fattoria che diventerà il suo rifugio prediletto: qui può godere della solitudine di cui adesso ha bisogno e rilassarsi con la sua nuova passione per il giardinaggio. Prima di arrivare in campagna, confessa divertita, non sapeva neanche come si piantasse un seme, e adesso è felice di passare le ore a curare le sue rose. Chissà come le sarebbe piaciuto l'esemplare rosso fuoco che le ha dedicato dopo la morte il prestigioso vivaista Georges Delbard. Nel giardino c'è anche una dépendance utilizzata come studio di registrazione: è qui che Barbara si diverte a provare le nuove canzoni con gli amici e i musicisti che vengono spesso a trovarla e raccontano di meravigliose serate fatte di chiacchiere e risate. Nonostante il temperamento drammatico del suo lavoro, Barbara è invece ironica, spiritosa e sempre carica di una prepotente *joie de vivre*. Però le registrazioni dei dischi non le bastano, l'artista ha bisogno di tornare sulle scene per ricevere quella dose d'amore necessaria come l'aria che respira. Nel 1985 ha un'idea totalmente innovativa: per caso vede dalla macchina un vecchio tendone da circo alla periferia di Parigi e decide di trasformarlo in teatro temporaneo per una rentrée epocale. Tutto è all'insegna della semplicità: poche luci studiate, moquette rossa e quinte nere per accogliere il suo pubblico, che risponderà all'invito entusiasta. I concerti di Pantin sono entrati nella leggenda: in sole venticinque rappresentazioni più di sessantamila persone hanno applaudito rapite una delle più belle performance della loro amata artista richiamandola in scena per una quantità infinita di bis. Barbara a cinquant'anni ha raggiunto la sua maturità espressiva, non ha più bisogno di nascondersi dietro al pianoforte ma si muove libera sul palco e addirittura scende in sala per abbracciare il suo pubblico durante la canzone che ha suggellato la loro storia d'amore. Ma proprio durante queste serate memorabili la voce di Barbara a volte perde limpidezza – come si dice in gergo –, si spezza e diventa più roca: un presentimento per la cantante che intuisce una china irreversibile, ma non farà nulla per nasconderla. Fedele al patto di sincerità con la sua famiglia di spettatori, Barbara continuerà a cantare, forzando ancor più la sua voce, trasformandola in un nuovo strumento musicale. Innumerevoli altri concerti la vedranno indomita sulla scena fino all'età di sessantaquattro anni, quando è costretta a ritirarsi per motivi di salute. Morirà tre anni dopo, ma la sua leggenda resterà viva nel cuore del pubblico che ha avuto la fortuna di vederla dal vivo, e anche in quello delle nuove generazioni che ancora oggi non smettono di ascoltare con la stessa emozione le sue canzoni senza età.

Tra i tanti tributi che le sono stati conferiti forse il più sentimentale è l'intestazione di una strada a Nantes, non porta il suo nome ma si chiama rue de la Grange-au-Loup, un luogo che prima di questo omaggio esisteva solo nella dolorosa canzone di Barbara *Nantes*: uno dei suoi più grandi successi, che evoca in questa via il mancato incontro con il padre, che in fin di vita desiderava vederla un'ultima volta per invocare il suo perdono... "Eppure io c'ero all'appuntamento / al 25 di rue de la Grange-au-Loup / ma lui non mi ha mai più rivista / era già scomparso..."

Che la storia sia vera o frutto della sua fantasia, non ha molta importanza per un'artista che ha vissuto più nella musica che nella vita reale, e forse solo grazie a una canzone alla fine è riuscita a perdonarlo per sempre: "Voglio che tranquillo riposi / l'ho adagiato sotto le rose".

368
295
TRACK
390
261
261
261
2017 BOSTON MARATHON

KATHRINE VIRGINIA SWITZER

Rosa Sun Runner (Colei che Corre nel Sole). Creata dall'ibridatore olandese Peter Ilsink, è una varietà rifiorente dai piccoli fiori singoli di un bel giallo brillante che sbocciano a mazzetti e profumano leggermente di limone. Ha un bel fogliame scuro e lucido.

Tutti ricordano il barone Pierre de Coubertin, fondatore dei Giochi Olimpici moderni del 1896, e conoscono a memoria la fatidica frase che ha accompagnato per anni ogni nostra attività sportiva e non solo: "L'importante non è vincere ma partecipare".

Affermazione pregevole che però andrebbe completata così: "L'importante non è vincere ma che a partecipare siano solo gli uomini", visto che il barone ha fieramente avversato ogni presenza femminile ai giochi per più di trent'anni. Riporto per la cronaca un suo accorato intervento sulla "Revue Olympique" del 1912: "Riteniamo che i giochi olimpici debbano essere riservati agli uomini [...] forse che domani ci saranno delle corritrici o delle giocatrici di football? Questi sport praticati dalle donne costituirebbero uno spettacolo raccomandabile davanti alle folle che un'Olimpiade riesce a riunire? Riteniamo che non si possa pretendere una simile cosa...". Aggiungendo però che in compenso "al gentil sesso" era concesso di applaudire sugli spalti gli eroici atleti vittoriosi! Non erano dello stesso parere le schiere di donne che amavano e praticavano lo sport in vari Paesi del mondo, e che per protesta organizzarono delle Olimpiadi femminili parallele in cui erano libere di gareggiare senza il permesso di nessun barone.

Il pubblico gradì così tanto l'iniziativa che un meravigliato de Coubertin nel 1928 fu costretto finalmente a concedere alle donne l'accesso ai suoi giochi, anche se solo in alcune discipline. La strada per raggiungere una parità sportiva era ancora lunga da percorrere ma ci pensarono varie atlete valorose che, noncuranti delle avversità e dei pregiudizi, forzarono le regole imposte dai comitati. La battaglia più grande fu la conquista della maratona: la gara olimpica per eccellenza, una delle più amate da tutti gli appassionati di sport. Al di là delle Olimpiadi, all'inizio degli anni Sessanta, ancora non era concesso alle donne di correre insieme agli sportivi di sesso maschile in nessuna maratona. Oggi ci sembra un'assurdità, ma queste erano le regole quando Kathrine Switzer, una giovane atleta americana, decise che la storia non poteva più aspettare. A forzare il tabù che riteneva le donne inadatte fisicamente e soprattutto psicologicamente a questo sport, ci aveva già provato nel 1966 Roberta "Bobbi" Gibb, una ventitreenne di Boston che il giorno della gloriosa maratona della sua città si nascose dietro un cespuglio, e appena lo starter sparò il colpo di pistola si buttò nella mischia concludendo il percorso in tre ore e venti minuti – per capirci, davanti ai due terzi dei partecipanti. Seppur acclamata dalla folla, l'impresa di Bobbi non fu riconosciuta ufficialmente e le regole non vennero cambiate in suo nome. Kathrine Switzer l'anno dopo comprese che l'unico modo per aggirare l'ostacolo era agire con furbizia e organizzò un piccolo inganno facendosi iscrivere alla maratona di Boston solo con le iniziali del suo nome, che non tradivano il genere di appartenenza. Ottenne così l'agognato pettorale con il numero 261 che indossò nella confusione della partenza, unica donna tra 741 iscritti.

Il suo fidanzato si accorge poco prima dell'inizio della gara che Kathy ha messo il rossetto e le consiglia di toglierlo, ma lei risponde serafica: «Io metto sempre il rossetto. Che c'è di male?».

«Qualcuno potrebbe accorgersi subito che sei una donna e non lasciarti correre. È meglio se lo levi.»

«Nemmeno per sogno!» Non c'è più tempo per le discussioni e Kathrine si butta nella mischia, con la paura nel cuore ma determinata come non mai.

Dopo pochi chilometri è avvicinata dall'automobile della giuria che ha scoperto lo scandalo e le intima di lasciare immediatamente la competizione. Kathy continua a correre imperterrita senza ascoltare le minacce del direttore di gara che a quel punto, per cercare di impedirle fisicamente di proseguire la maratona, scende in pista come un forsennato.

Inutile dire che le foto che ritraggono il direttore Jock Semple in preda all'ira che tenta di strapparle il pettorale strattonandola violentemente sono passate alla storia. Se Semple avesse saputo che il suo gesto, veramente poco sportivo, anni dopo sarebbe stato inserito nel famoso libro *100 Photos that Changed the World*, forse si sarebbe guardato bene dall'intervenire.

Tuttavia Kathy, spalleggiata dal fidanzato e dal suo allenatore scesi in campo per aiutarla in questa impresa epocale, non si arrende. L'atleta corre perché sa che non lo sta facendo solo per sé, ma è in gara per conquistare un diritto che riguarda tutte le donne, e non può permettersi di mollare. "Qualunque cosa succeda, devo finire questa maratona [...] devo – anche a costo di arrivare in ginocchio. Se non arrivo alla fine, la gente dirà che le donne non sono in grado di farlo." Nonostante le intimidazioni e le minacce Kathy taglia il traguardo in quattro ore e venti minuti e la notizia appare su tutti i giornali. Ci vorranno però altri sei anni di polemiche e contestazioni prima di arrivare nel 1973 al vero traguardo, che permetterà a tutte le sportive di iscriversi regolarmente e correre con gioia i quarantadue chilometri delle maratone sparse nel mondo. E ci vorranno ancora altri undici anni perché la maratona femminile entri ufficialmente nelle discipline dei Giochi Olimpici.

Da allora Switzer ha corso più di trenta maratone, ha vinto quella di New York nel 1974, e soprattutto è diventata un'appassionata attivista per i diritti delle donne nello sport.

Oggi Kathrine è una splendida settantenne che per l'anniversario della sua impresa ha deciso di indossare ancora una volta il pettorale con il magico numero di allora, il 261, che in suo onore è stato ritirato e conservato solo per lei.

No, Kathy non ha mai vinto la maratona di Boston ma, come diceva de Coubertin, l'importante non è partecipare?

Laura Gutiérrez Bauer en Europa y Bolivia, 1965.

Marta Iriarte López en Berlín Occident.

TANIA LA GUERRIGLIERA
(Haydée Tamara Bunke Bider)

Rosa Cubana, ibridata da W. Kordes nel 1988. I fiori sono semidoppi, formati da petali di un luminoso color albicocca coi margini che tendono al rosa. Ha una spiccata rifiorenza, il portamento cespuglioso e belle foglie corte e lucide.

La durezza di questi tempi non ci deve far perdere
la tenerezza dei nostri cuori.

ERNESTO CHE GUEVARA

Haydée Tamara Bunke Bider, nome in codice Tania la Guerrigliera, apparteneva alla colonna Joaquín dell'esercito ribelle di Ernesto Guevara in Bolivia e perse la vita il 31 agosto del 1967 – a soli ventinove anni – in un'imboscata da parte delle guardie dell'esercito boliviano mentre guadava il Rio Grande insieme ad altri *compañeros* guerriglieri. Poco più di un mese dopo fu catturato e ucciso anche il "Che", e si concluse per sempre il tentativo di liberare il Paese dal giogo di Barrientos Ortuño, un dittatore che aveva arruolato persino Klaus Barbie, il Boia di Lione, come consigliere per i suoi servizi segreti.

Tamara nasce in Argentina nel 1937 da genitori tedeschi fuggiti in Sudamerica per scampare alle persecuzioni naziste nella Germania di Hitler. Che Tamarita diventasse un'amante della libertà era dunque scritto nel suo DNA, tuttavia la sua storia è più ricca e complessa di queste semplici note biografiche e vale la pena di essere raccontata, non solo per il coraggio e la dedizione alla causa rivoluzionaria ma soprattutto per ristabilire la verità messa a dura prova da una propaganda feroce che ha infangato la sua memoria per lunghi anni, almeno fino a una sentenza che ha proibito per sempre di pubblicare diffamazioni sul suo conto.

Questo però è avvenuto dopo più di trent'anni dalla sua morte e solo grazie a un lungo processo fortemente voluto dalla madre Nadia, che ha combattuto con tutte le sue forze raccogliendo prove e testimonianze per denunciare le "fake news" del tempo che dipingevano la sua "Ita" come una poco di buono, una spia al servizio del miglior offerente e soprattutto una prostituta amante di dittatori e rivoluzionari a seconda delle necessità. La denigrazione è sempre stata l'arma preferita dai servizi segreti e dagli avversari politici in genere, un dispositivo antico e potente che abbiamo conosciuto anche noi in Italia: ne hanno fatto le spese eroi della mafia, giornalisti, onesti cittadini considerati scomodi e tutte le donne che hanno osato uscire dai sentieri imposti dalla società.

E Tamara una donna scomoda lo era sicuramente: bella, intelligente, preparata e allegra, aveva abbracciato la causa cubana con l'entusiasmo, forse incosciente e utopico, di tanti ragazzi di allora che vedevano nella rivoluzione di Fidel Castro una speranza per le popolazioni oppresse di tutto il mondo. Aveva deciso di trasferirsi giovanissima a Cuba per collaborare a questo sogno, voleva rendersi utile e partecipare a quello che lei sperava diventasse il grande cambiamento che avrebbe trasformato il futuro delle nuove generazioni.

"I tre anni in cui Tamara visse a Cuba e partecipò con tanto trasporto e altruismo alla costruzione della nuova società, furono gli anni più felici della sua vita": così scriveva la madre in un'accorata lettera a Fidel Castro, in cui lo pregava di collaborare alle ricerche dei resti della sua amata figlia, volutamente sepolti dai militari boliviani in un luogo nascosto per non incrementare il mito della guerrigliera. Tamara non era un'esaltata ma una ragazza colta, che studiava le lingue romanze e nutriva un grande amore per il folklore latino-americano, in particolare le canzoni che cantava nelle serate con gli amici accompagnata dalla sua inseparabile chitarra. Una dote canora ammirata anche dal "Che", che tra tanti talenti non aveva quello dell'orecchio musicale; anzi, come ricordano anche i compagni più fedeli era stonato come una campana.

A Cuba Tamara lavorava come interprete nell'Istituto di Amicizia coi Popoli e faceva parte del gruppo di insegnanti che girava per i villaggi per sconfiggere la piaga dell'analfabetismo nell'isola. Amava la vita, era ottimista, energica, instancabile e molto socievole; sicuramente furono anche queste qualità a farla scegliere dal Comandante in persona per una missione delicata e pericolosa. Dal 1964 la giovane, col nome in codice di Tania, accetta di entrare in clandestinità e si prepara con un durissimo addestramento a infiltrarsi nell'alta società boliviana per organizzare logistica e contatti sul territorio necessari alla strategia della guerriglia del Che.

Il comandante Guevara sperava di riproporre lo schema della Rivoluzione cubana anche in altri Paesi oppressi dell'America Latina; tuttavia, come sappiamo, il suo esercito di guerriglieri non riuscì a conquistare la fiducia della popolazione e rimase isolato sulle montagne boliviane, dove fu sterminato dalle milizie di Barrientos Ortuño coadiuvate dai servizi segreti americani. Per una tragica ironia della sorte, la colonna di Tania – la Joaquín – fu tradita proprio da un contadino che avrebbe dovuto abbracciare la causa e invece rivelò ai soldati la posizione dei ribelli. Nessuno si salvò dall'imboscata.

Nel 1998, a più di trent'anni dalla sua morte, grazie a rocambolesche e difficili ricerche, le spoglie di Tania furono finalmente ritrovate e, come quelle del suo Comandante, riportate a Cuba, la patria del cuore. Oggi la Guerrigliera riposa nel Monumento funebre di Che Guevara a Santa Clara, insieme ai compagni con cui aveva condiviso l'avventura boliviana.

Nell'ultimo anno della sua vita aveva scritto una poesia che recitava così: "Forse, un giorno, il mio nome sarà niente? / Non lascerò nulla dietro di me sulla Terra? / Almeno fiori, almeno canti...".

È anche questo uno dei motivi per cui Tamara ha conquistato un posto d'onore nel nostro catalogo. Non avendo ancora una rosa tutta sua le dedichiamo la Cubana, per il grande amore che ha nutrito per questa terra dove non è germogliata invano.

MARIE-JOSÈPHE-ROSE TASCHER DE LA PAGERIE (Giuseppina Bonaparte)

Rosa Souvenir de la Malmaison, ibridata da Jean Béluze nel 1843. Fra le più belle delle bourbon, molto apprezzata, questa rosa presenta fiori bianchi incarnati con ombreggiature rosa cipria, che si aprono piatti, in quarti. Ha un profumo raffinato e speziato.

Siamo all'inizio dell'Ottocento in una tranquilla campagna alle porte di Parigi, e ha appena cominciato a nevicare. La temperatura sfiora lo zero ma nella serra dai vetri appannati fa un caldo tropicale: il prodigio si deve a delle enormi stufe continuamente caricate a carbone. Le piante di rose chinensis mutabilis stanno sbocciando e anche la strelitzia "uccello del paradiso" è nel pieno della sua fioritura; è difficile farsi strada tra liane, felci e piante esotiche di ogni genere che, sfidando il continente e la stagione, stanno dando il meglio di sé per la gioia dei pappagalli dalle piume variopinte che si godono quel paesaggio familiare come se vivessero ancora nell'assolata Martinica da dove provengono.

È l'ora del tè, e tra tendaggi e poltroncine di velluto è imbandita una tavola degna di una speciale ospite d'onore che, seduta sui cuscini di seta, si sta gustando una sontuosa torta alla panna; mangia lentamente, con educazione, servendosi di eleganti posate d'argento, e una volta finito il dolce si pulisce la bocca con un candido tovagliolo di lino. La padrona di casa la guarda soddisfatta: è solo un mese che la giovane orang-outan Rose è arrivata in Francia, e già ha imparato le buone maniere della vita di corte.

Non vi sto narrando una favola surreale, ma riportando la cronaca dettagliata dei visitatori del castello della Malmaison, residenza privata di Joséphine, moglie di Napoleone e imperatrice di tutti i francesi. La piccola scimmia Rose (che Joséphine ha chiamato con il suo nome da ragazza) insieme al lama, alle zebre, ai canguri e a tutti gli animali esotici che popolano lo zoo personale dell'imperatrice non sono un capriccio regale come le pecorelle di Maria Antonietta, ma il frutto di un'autentica passione per la botanica e la zoologia che da sempre ha animato questa sovrana di Francia, tanto da farle trasformare in pochi anni la sua residenza di campagna in un vero paradiso terrestre.

L'imperatrice non gioca a fare la contadinella ma diventa una vera esperta sul campo, suscitando l'ammirazione degli studiosi del Jardin des Plantes di Parigi con cui sostiene dotte conversazioni e intreccia assidue collaborazioni scientifiche. Ma il vero pensiero ispiratore che dà vita a questo luogo stupefacente nasce da un forte sentimento di nostalgia per l'isola dov'è nata.

Marie-Josèphe-Rose Tascher de la Pagerie vede la luce il 23 giugno del 1763 nella lussureggiante colonia francese della Martinica. La sua è una nobile famiglia parigina venuta a cercare fortuna ai Tropici, investendo tutto in una grande piantagione di canna da zucchero. Rose, più che le raffinatezze dei salotti parigini, conosce la vita libera e all'aria aperta dei ragazzi creoli e, quando a quindici anni è promessa in sposa al visconte Alexandre de Beauharnais, non immagina lontanamente cosa il futuro ha in serbo per lei.

La ragazza che sale sulla nave che la porterà in Europa per raggiungere il promesso sposo è piacente e un po' selvatica, poco istruita ma allegra e piena di vitalità. Nel giro di pochi anni vivrà un matrimonio infelice con un marito che la considera troppo rozza per il suo rango, ma anche la gioia di due figli che adorerà per tutta la vita; verrà ripudiata e confinata in un convento per aristocratiche in difficoltà dove però, grazie alla simpatia che suscita nelle nobildonne che vivono recluse insieme a lei, imparerà l'etichetta e le buone maniere del gran mondo.

Uscita finalmente dal convento, Rose è una donna nuova: con coraggio si fa valere in tribunale per ottenere il divorzio e gli alimenti che le spettano da Alexandre, il marito che non la ama e l'ha sempre tradita platealmente. La sua isola è lontana e le notizie che arrivano dai Caraibi sono sconfortanti, l'industria paterna è sull'orlo del fallimento e Rose deve contare solo sulle proprie forze se vuole sopravvivere nella società parigina, più insidiosa di una giungla tropicale.

Prima di conoscere Napoleone, la futura imperatrice di Francia condurrà una vita libera e anche molto chiacchierata; è una donna divorziata con due figli da mantenere e una rendita scarsa che l'ex marito le versa saltuariamente. Ma non ha nessuna intenzione di lasciarsi andare, prende in mano il timone del suo destino e giura a se stessa che nessuno più deciderà per lei. Rose non è una santa né una donna di cultura, non si immola per le idee rivoluzionarie e non combatte come una Giovanna d'Arco, ma decide che lei sola diventerà l'arbitro della sua sorte: per una donna alla fine del Settecento, questa è già una battaglia epocale.

Nel giro di pochi anni un terremoto politico scuote la società e Rose naviga nelle acque turbolente della Rivoluzione francese cercando di non affondare. L'ex marito, rinunciando ai privilegi del suo rango, abbraccia le istanze dei rivoluzionari e viene eletto nell'Assemblea costituente, tuttavia dopo la condanna a morte di Luigi XVI e di Maria Antonietta non c'è più spazio per i riformisti. Con l'avvento del Terrore e le purghe di Robespierre, Alexandre de Beauharnais viene arrestato e ghigliottinato, e anche Rose per colpa del suo cognome viene trascinata in prigione. Le sue ore sono contate, ma per un fortunato cortocircuito del destino pochi giorni prima della sua esecuzione sarà Robespierre a essere accusato di alto tradimento e giustiziato senza un vero processo, vittima della politica dei sospetti che lui stesso aveva alimentato.

Le vicende personali di Madame de Beauharnais continuano a intrecciarsi indissolubilmente con le pagine della grande storia di Francia. Quando nel 1795 Rose conosce il generale Napoleone, la brillante carriera del giovane militare è in rapida ascesa, ma a Rose questo piccolo uomo corso dai modi spicci non sembra un granché. Bonaparte invece, dal primo momento che la incontra, si innamora perdutamente; forse riconosce in questa donna più grande di lui lo stesso spirito di rivincita che lo agita dal profondo dell'anima. Sono due combattenti che non si arrendono mai, a costo di sfidare convenzioni o eserciti ritenuti imbattibili.

Dopo una corte serrata Rose cede e lo sposa, chi dice per interesse, chi sostiene per amore. Forse la verità è un insieme di queste ragioni, ma è innegabile l'incredibile alchimia che li lega: quando due esseri simili si annusano e si riconoscono, l'unione è fatale.

La famiglia Bonaparte invece non accetta Joséphine – così la chiama affettuosamente suo marito –, soprattutto la detesta Marie Letitia, la madre di Napoleone. È conservato al Louvre uno dei più sfarzosi quadri del pittore Jacques-Louis David, *Le sacre de Napoléon*, che mostra l'incoronazione di Joséphine imperatrice per mano dello stesso Bonaparte, avvenuta nella cattedrale di Notre-Dame il 2 dicembre del 1804, in presenza di papa Pio VII e di una sterminata folla di parigini. L'immagine è sontuosa e si stenta a riconoscere "la bella creola" nella donna elegante fasciata di seta e velluto che sta per ricevere dall'uomo più potente della terra una corona di perle e pietre preziose. Intorno a loro si intravedono tutti i famigliari e nella loggia anche Marie Letitia, la suocera di Joséphine. In realtà, come ci assicurano gli storici, questo dettaglio è un clamoroso falso perché la signora in questione non ha voluto partecipare alla cerimonia, forse adducendo un malore come scusa, ma certamente per sottolineare la totale disapprovazione per questa unione.

La severa genitrice trova la nuora troppo sofisticata ed elegante, una moglie che incarna così bene l'*esprit* mondano e parigino non può certo essere una brava donna di casa, ma soprattutto giudica Madame de Beauharnais troppo vecchia per suo figlio. Se Joséphine avesse potuto assistere, due secoli dopo, all'incoronazione del presidente Macron, avrebbe gustato la sua vendetta, ma allora quei sei anni in più che la separavano dal marito sembravano un abisso insormontabile. Rose, secondo l'opinione vigente, aveva perso la sua freschezza e soprattutto c'erano poche speranze che donasse un erede alla Francia, colpa imperdonabile anche per l'uomo che solennemente la stava consacrando imperatrice.

Forse renderla sovrana è stato l'ultimo regalo di Napoleone alla sua Joséphine, l'unica vera donna della sua vita che lui, nonostante tradimenti reciproci, turbolenze e incomprensioni, ha amato fino alla fine; pare che nel suo letto di morte, nell'esilio di Sant'Elena, ancora la cercasse sussurrando il suo nome fino all'ultimo respiro. Tuttavia, dopo soli cinque anni da quella memorabile cerimonia, l'imperatore dei francesi è costretto a ripudiare la sua compagna per sposare una donna più giovane che gli darà un figlio.

Joséphine, dopo aver combattuto come una leonessa, s'inchina alla ragion di Stato, fa un passo indietro e senza più protestare accetta il divorzio; sa che il destino le ha concesso molto più di quel che aveva mai osato sognare, e si ritira a vita privata nella sua casa di campagna alle porte di Parigi. Nella pace e nella bellezza della Malmaison vivrà solo quattro anni ancora, forse i più dolci della sua avventurosa esistenza; ora che le battaglie sono finite può godersi il suo eden privato che ha costruito nel tempo, non badando a spese e ingaggiando i migliori paesaggisti e giardinieri del tempo.

Si narra che, mentre Napoleone era occupato a guerreggiare intorno al mondo, sua moglie Joséphine chiedesse ai coraggiosi soldati dell'esercito francese di raccogliere ogni tipo di esemplare raro per il suo prezioso campionario botanico: soprattutto rose, la sua indiscussa passione. Persino durante le ostilità con l'Inghilterra, le rose per la sovrana potevano viaggiare indisturbate; c'erano ordini precisi da parte dell'ammiragliato inglese che preservavano da qualsiasi attacco le navi francesi addette al trasporto di piante o semi per l'imperatrice, che riuscì in pochi anni a mettere insieme una delle più vaste collezioni di rose di tutto il Vecchio Continente. Un vero tesoro botanico che suscitava stupore tra gli ospiti della Malmaison, tanto quanto l'incredibile assortimento di animali rari: cicogne, canguri, uno struzzo, un camoscio, zebre e il famoso orang-outan Rose. Ma l'attrazione più sorprendente era una coppia di cigni neri dal becco amaranto che, lasciati sguazzare felici in un laghetto, si acclimatarono talmente da mettere al mondo un'infinita progenie.

Tra i tanti dipinti che raffigurano l'imperatrice Joséphine, ce n'è uno incompleto che colpisce la mia immaginazione: è un ritratto del pittore di corte Pierre-Paul Prud'hon che la raffigura con uno sguardo intenso venato di malinconia e una mano sospesa nel vuoto. L'artista non ha fatto in tempo a finirlo, doveva solo aggiungere la rosa che l'imperatrice avrebbe tenuto in mano, ma Joséphine se n'è andata prima di scegliere il fiore preferito tra le tante varietà che popolavano la sua immensa collezione.

Mi piace pensare che se avesse visto un bocciolo della Souvenir de la Malmaison, sfarzosa rosa bourbon che trent'anni dopo la sua morte le dedicò l'ibridatore Béluze, non avrebbe avuto dubbi e non sarebbe rimasta a mani vuote.

AMOR Y MUERTE,
Magic Skull
TEQUILA

CHAVELA VARGAS

Rosa Isabel (come il secondo nome di Chavela Vargas), arbustiva creata dai coniugi danesi Mogens nel 1991. Le corolle sono molto grandi e ricche di petali di un bel color borgogna, che dona alla rosa un aspetto vellutato. L'arbusto è di dimensioni medie e molto rifiorente.

Si può cantare il dolore allo stato puro estraendolo come un prezioso carburante dal profondo dell'anima? E allo stesso tempo celebrare l'amore più intenso, quello che ti attanaglia il cuore e non ti lascia respirare? Ma soprattutto, si può cantare impunemente la morte? Se ti chiami Chavela Vargas e possiedi quella voce ruvida e roca, si può fare.

«Sono nata con questa voce. Il mio non è un canto. È qualcosa che attraversa il dolore e il piacere, che non so di sapere. È per questo, credo, che invecchiando migliora»: così Chavela Vargas dichiara a un giornalista all'età di ottantatré anni, dopo aver fatto il tutto esaurito alla Carnegie Hall di New York in un concerto memorabile, uno dei tanti della sua seconda vita, dopo che era stata data per scomparsa, per molti sicuramente defunta – tanto che nel 1990 Mercedes Sosa, passando per Città del Messico, aveva espresso il desiderio di lasciare una rosa sulla tomba della grande Chavela ma nessuno sapeva indicarle dove fosse sepolta.

In realtà la cantante era viva, ma si era allontanata da più di quindici anni dalle scene per cercare di risorgere da una dipendenza quasi fatale dall'alcol, alleato fedele di tante scorribande notturne con gli altri artisti della movida messicana degli anni Sessanta. Lei ci scherzava sopra dicendo di aver bevuto insieme al cantautore José Alfredo Jiménez, suo carissimo amico, più di quarantacinquemila litri di tequila: «... Di quella buona in Messico non ce n'è più, ce la siamo scolata tutta io e Alfredo». È lui l'autore della canzone *El ùltimo trago*, l'ultimo goccio da bere in compagnia, un rito laico che in quegli anni Chavela celebrava in tutte le *tabernas* di Città del Messico.

Il confine tra perdizione e redenzione è una linea sottile nella cultura messicana, come quello tra la vita e la morte: non a caso il 2 novembre, il giorno dei morti, è celebrato in tutto il Paese come una festa gioiosa in cui ai bambini si preparano dolcetti di zucchero a forma di scheletro e i *mariachi* suonano per tutta la notte fin dentro i cimiteri. Contemplare l'abisso è un'abitudine quotidiana e la paura si vince con il sorriso sulle labbra. Ce lo spiega con sapienza Octavio Paz, uno studioso appassionato della *mexicanidad*: "Il nostro culto della morte è culto della vita, allo stesso modo in cui l'amore, che è fame di vita, è brama di morte". E Chavela Vargas è l'interprete più profonda di questa filosofia, non solo con le sue canzoni dolenti ma con tutta la sua lunghissima vita, che inizia nel lontano 1919 in una piccola città del Costarica.

María Isabel Anita Carmen de Jesús Vargas Lizano nasce in un'umile famiglia di contadini, e cresce con gli zii perché i genitori l'abbandonano presto come un cucciolo difettoso: ha avuto la poliomielite e una malattia agli occhi che l'ha resa quasi cieca, ma la leggenda racconta che la bimba scappa di casa per farsi curare dagli sciamani, che la accolgono e la riconoscono come una di loro. Chavela rimarrà per sempre legata a questa esperienza continuando a frequentare la loro cultura magica, per lei preziosa come il potere delle sue canzoni.

Per sopravvivere la piccola deve raccoglie le arance, ma migliaia al giorno e per una paga da fame. L'unica è andarsene a cercare fortuna altrove, e poco più che adolescente già si aggira per le strade di Città del Messico alla ricerca di una nuova vita ma soprattutto di quella libertà che le permetta di essere se stessa contro i pregiudizi che l'hanno condannata sin da piccola per la sua "diversità", costringendola a un'emarginazione di cui conserverà per sempre le ferite. Vivere la propria omosessualità in un Paese cattolico e moralista agli inizi del Novecento è un'impresa titanica per una ragazza come lei, ma Chavela con fierezza e determinazione non nasconderà le sue passioni. «Sono nata così. Da quando ho aperto gli occhi sul mondo, non ho mai dormito con un uomo. Mai. Figurati la purezza, non ho niente di cui vergognarmi, i miei dèi mi hanno fatta così.»

Le foto che la ritraggono a Città del Messico mostrano una donna bruna dagli occhi profondi e vellutati che indossa l'abito maschile dei mariachi quasi come una divisa, ma oltre alla chitarra porta sempre con sé una pistola nascosta sotto il poncho e fuma con voluttà i suoi inseparabili sigari cubani: *la más macha entre los machos*, la più maschile tra i maschi. Chavela viaggia controcorrente e non è da sola, insieme a lei si muove l'anima della capitale messicana di quegli anni: pittori, artisti e poeti che, incoraggiati dallo spirito rivoluzionario ancora vivo nel Paese, si prodigano con entusiasmo per gettare le basi di un mondo nuovo.

Città del Messico diventa un inevitabile polo di attrazione per espatriati, rifugiati e intellettuali che cercano quella libertà d'espressione che la cupa Europa dei totalitarismi sta soffocando sempre di più. Pittori come Diego Rivera, José Clemente Orozco e David Alfaro Siqueiros trasformano il volto della città con maestosi murales che celebrano le radici più profonde del Paese, e le loro case si aprono per accogliere gli artisti del Vecchio Continente affascinati da questa vitalità culturale. Si ritrovano tutti lì: da Antonin Artaud ad André Breton, fino a Luis Buñuel che ci rimarrà fino alla morte. Gli esiliati politici trovano un rifugio sicuro dalle persecuzioni: Lev Trockij è ospitato amorevolmente da Frida Kahlo, che lo immortala in un famoso dipinto. Tuttavia neanche il Messico riuscirà a proteggerlo dai sicari di Stalin, che lo uccideranno a Coyoacán nel 1940.

Chavela si muove con naturalezza in questo turbine di creatività e comincia a cantare nelle *noches borrachas* un po' per divertimento, un po' per racimolare qualche soldo, ma soprattutto per celebrare la vita condividendo passioni e interessi con i suoi nuovi amici. È di questi anni la sua ormai leggendaria storia d'amore con la pittrice Frida Kahlo, che in una lettera a un amico definisce Chavela "un dono caduto dal cielo", mentre Chavela ormai novantenne ricorda Frida con queste dolci parole: "... diffondeva tenerezza come un fiore... Una grande tenerezza, una tenerezza infinita". Una rara foto di questa unione è giunta fino a noi in uno scatto quasi rubato da un fotografo sconosciuto, ritrae le amiche in un attimo di pura gioia mentre ridono sdraiate a terra come due bambine impertinenti: un'istantanea che ci consegna per sempre la bellezza di questo speciale momento di complicità.

È proprio durante questi ruggenti anni messicani che Chavela comincia a farsi un nome come cantante: decisivo è l'incontro con José Alfredo Jiménez, cantautore prolifico e suo scopritore, ma soprattutto grande amico e compagno di notti in bianco passate a bere o a fare serenate alle più belle donne della città. Chavela è la prima interprete femminile a cantare il repertorio mariachi, solitamente intonato dai machi appassionati, non cambia il sesso delle destinatarie delle sue canzoni e così le struggenti melodie d'amore come *La Macorina* si trasformano in scandalose ballate lesbiche acquistando una potenza eversiva inedita: «Sono stata la prima donna che ha osato cantare per una donna». Non ha bisogno di proclami o coming out per affermare la sua libertà, e basta la forza della sua voce prodigiosa per cancellare all'istante ogni distinzione di genere e celebrare quell'amore assoluto in cui tutti ci riconosciamo. «Quello che fa male non è essere gay, è che le persone te lo gettano in faccia come se fosse una piaga.»

Chavela è una vera *encantadora* anche nella vita, e le sono stati attribuiti molti amori: «Ho amato molto» confessa candidamente in un'intervista poco prima di morire, e il volto le si illumina al ricordo di quegli anni quando si esibiva tutte le sere in un club diverso, scorrazzando per la città vestita di pelle alla guida di una potente motocicletta.

Interminabili tournée la fanno conoscere in tutto il Sudamerica; parte per Cuba per un concerto, deve starci una settimana e ci rimane due anni riverita come una regina; è di casa ad Acapulco dove si esibisce addirittura al matrimonio di Liz Taylor e Mike Todd – si racconta che in quell'occasione Ava Gardner abbia perso la testa per lei e Shelley Winters si sciogliesse in lacrime alle note delle sue canzoni.

Gli anni scorrono veloci come la tequila, punteggiati da brani stupendi che Vargas esegue con uno stile unico e dolente, la sua voce diventa sempre più intensa e riesce a restituire l'emozione senza mai cadere nella retorica melodrammatica del folklore; ma la schiavitù dall'alcol diventa un problema sempre più serio e la costringe ad allontanarsi dalle scene. Capitava che sul palco cantasse tre volte di seguito la stessa canzone e perdesse completamente la cognizione del tempo. "L'alcolismo è una dipendenza dell'anima più che del corpo, anche se ti distrugge fisicamente è una malattia che ha a che vedere con la solitudine e l'abbandono." Chavela lo sa bene, e s'inabissa sempre di più.

Non c'è una data precisa che indica la sua sparizione dalle scene, semplicemente Chavela scompare e cade nell'oblio, e mentre le sue tracce si perdono completamente, come un animale ferito si rifugia in un piccolo villaggio vicino alla città di Tepoztlán, di fronte alla collina di Chalchihuites, un luogo mistico dove sorgono le rovine di un piccolo tempio dedicato al dio azteco Tepoztécatl. Ma il nuovo indirizzo di questi giorni bui potrebbe essere "El Bulevar de los sueños rotos" (sul viale dei sogni infranti [...] vive una signora in poncho rosso), come recita la bellissima canzone che le ha dedicato anni dopo il cantautore Joaquín Sabina. Chavela finisce in totale povertà perché tutti i soldi dei tanti dischi che ha registrato arrivano solo alle case discografiche che l'hanno truffata per anni, e adesso è costretta a fare la fame. Nessuno sa dov'è finita, e molti la credono morta.

Si dice che si sia curata dagli sciamani huicholes della Sierra Madre che l'hanno nominata sul campo "sciamana mayor". «Cihuateteo, la divinità messicana della vita e della morte, un giorno mi ha detto: "Vieni con me", e io le ho risposto: "Non ancora". Poi è arrivata in mio soccorso la vita, che le ha detto: "Prestamela ancora per un po', devo ancora parlare con questa donna".» E così Chavela Vargas è sopravvissuta e, con una straordinaria forza di volontà, si è liberata per sempre dalla schiavitù del bere.

Le leggende della sua incredibile vita s'intrecciano alla realtà fino a una sera del 1991, quando dei clienti del bar-cabaret El Hábito di Città del Messico la vedono seduta a un tavolo, e meravigliati da quel che sembra un'apparizione le chiedono di cantare per loro. All'inizio Chavela rifiuta: è fragile, ha paura, non si è mai esibita senza l'aiuto della sua bottiglia di tequila, ma le divinità degli Aztechi che da sempre la proteggono le danno la forza necessaria e a settantadue anni risale sul palco sfoderando una voce possente che sembra venire dall'oltretomba. Chavela è risorta e il mondo stupito non può che applaudirla commosso. «Non sono una fenice, sono una donna con una forza disumana che ce l'ha fatta a uscire dall'inferno.»

Ora il suo viso bruno è scolpito da profonde rughe e i capelli corti d'argento lo incorniciano come un'aureola. Più che una donna in carne e ossa sembra una scultura scolpita nel legno, ma non ha perso una goccia della sua fierezza e si esibisce con l'inseparabile poncho rosso distillando emozioni come tesori preziosi. Il regista Pedro Almodóvar, che l'ha sempre venerata, alla notizia della sua ricomparsa l'aiuta a riprendersi il posto che le spetta nella storia e le organizza una tournée in Europa: Chavela trionfa alla Sala Caracol di Madrid e all'Olympia di Parigi commuovendo la platea fino alle lacrime.

La vera canzone messicana deve far piangere, come il melodramma quando è interpretato da voci prodigiose come quella di Maria Callas; dobbiamo essere grati agli artisti che ci fanno piangere perché il pianto è un rito necessario per placare i nostri dolori. Come ricorda Almodóvar: «Chavela è una sacerdotessa che mette in scena le nostre sofferenze e i nostri peccati per perdonarci e invitarci a ricominciare di nuovo». Non a caso la regista Julie Taymor la chiama a cantare *La Llorona* nel suo film *Frida*: una canzone dedicata a una figura mitologica messicana, una specie di dea del pianto, una madre che ha perso i propri figli e diventa simbolo del dolore straziante e inconsolabile. La sequenza che vede in scena Chavela Vargas e l'attrice Salma Hayek nei panni di Frida Kahlo è un cortocircuito di rara potenza.

Ma Chavela possiede anche quel guizzo gioioso e ironico che le permette di vivere questa seconda vita di onori e successi senza mai prendersi troppo sul serio, continuando però a cantare fino all'ultimo respiro, esaudendo tutti i sogni che sembravano infranti: come il recital in onore dell'adorato poeta Federico García Lorca – "un debito d'amore, di pace e di bellezza" – che Chavela rappresenta a Madrid nell'ultimo anno della sua vita, affrontando un viaggio molto faticoso, ormai costretta a muoversi con una sedia a rotelle che però ricopre con grazia di uno dei suoi coloratissimi poncho.

Dicono che sia morta nel 2012, all'età di novantatré anni, e non so se crederci, anche se al suo funerale decine di mariachi hanno riempito plaza Garibaldi a Città del Messico cantando le sue canzoni fino a notte fonda. «La vita è bellissima, ma anche la morte è splendida. Ho già detto molte volte che prenderò parte alla mia veglia funebre, però per prendermi gioco di me stessa.» Così diceva Chavela, e non mi meraviglierei più di tanto se uno di questi giorni annunciassero un suo nuovo concerto in giro per il mondo. Non era lei che cantava, in una delle sue più appassionate interpretazioni, "io me ne muoio per tornare"?

Ma bisognerà affrettarsi a prenotare il biglietto perché non sarà facile trovare un posto libero.

desty
se

MONICA VITTI

Rosa Monica Vitti, rifiorente dalle corolle di un luminoso colore che vira dal rosso fuoco all'arancio intenso, creando un piacevole contrasto con il fogliame verde scuro. È la rosa ideale per creare grandi mazzi.

«Appena apro la bocca la gente ride» ha dichiarato in un'intervista di qualche anno fa, ma non è esattamente così. Lo dice perché è autoironica e non si è mai presa troppo sul serio, una virtù insolita per un attore. Per far ridere in realtà ci vuole molto talento, e Monica Vitti nei suoi film ci ha anche fatto piangere, pensare, ci ha sedotto e fatto innamorare, e per riuscire in tutte queste imprese titaniche il talento deve essere immenso.

Oggi Monica è fuori dalle scene, impegnata in una sua battaglia personale contro la malattia, e miracolosamente la sfacciata curiosità dei media ha rispettato questa sua scelta di riserbo: una rarità in quest'epoca così sguaiata che calpesta ogni privacy, ma anche un onore che si merita quanto il Leone d'Oro alla carriera che le è stato tributato a Venezia nel 1995. In quell'occasione, con la sua abituale modestia, ha prima di tutto ringraziato la grande fabbrica del cinema italiano, che le ha permesso di fare il suo mestiere ai massimi livelli, e, per schermirsi di questo grande riconoscimento, ha confessato che comunque non avrebbe potuto fare nessun altro lavoro, perché recitare per lei è sempre stato l'antidoto contro ogni tristezza e malinconia, e soprattutto il privilegio di poter continuare a giocare per tutta la vita.

E questo gioco magico l'ha cominciato presto, anche per evadere da una situazione famigliare severa, come lei stessa racconta nella sua autobiografia: "Forse mi sono sentita incompresa da bambina: due fratelli più grandi di me avevano il potere e io ho scelto di recitare per reinventare la mia vita". Dotata di una tenacia non indifferente, Monica riesce a convincere la madre, all'inizio assolutamente contraria, a iscriverla all'Accademia d'Arte drammatica Silvio d'Amico per l'anno 1949-1950. È ancora minorenne, e serve l'autorizzazione dei genitori per accedere a questo luogo fatato dove è possibile dimenticare la propria esistenza, entrando in quella di mille personaggi diversi: "Pensa a quante cose puoi fare su un palcoscenico, puoi fare di tutto, dire di tutto, puoi essere chi vuoi... e non invecchiare mai". Questo è il destino dei grandi attori che, rispetto ai comuni mortali, vivono un eterno presente grazie alle immagini cinematografiche che ci hanno lasciato, e lei per tutti gli spettatori che l'hanno amata e seguita non è mai invecchiata, e continua a sorriderci sorniona in un caleidoscopio di interpretazioni che hanno rappresentato ogni caratteristica femminile. Monica è una di noi; anzi, è tutte noi.

È stata misteriosa e intensa nei film con Michelangelo Antonioni; buffa e maldestra con Mario Monicelli; scoppiettante e comica insieme ad Alberto Sordi, riuscendo sempre a raggiungere una parità totale con i suoi partner maschili. Una vera rarità, una conquista quasi impensabile per l'epoca, specialmente per un'attrice brillante, spesso relegata al ruolo di spalla, utile a far risaltare ancora di più l'attore protagonista.

E, come se non bastasse, Monica è anche sexy e affascinante, caratteristiche difficilmente declinabili con una comicità al femminile che prevedeva, come regola non scritta, una fisicità decisamente buffa, meglio se accentuata da qualche difetto fisico, per aumentare l'effetto umoristico magari sconfinando nel ridicolo. E invece Monica è bella e fa ridere, un cortocircuito impensabile, un vero ciclone che rompe con ogni consuetudine cinematografica imponendosi sullo schermo sempre come una primadonna alla pari coi suoi blasonati colleghi.

Tutto, però, è iniziato alla grande scuola del teatro, dove Monica si fa subito notare per il suo talento: è su un palcoscenico mentre recita Feydeau quando Michelangelo Antonioni la vede per la prima volta e capisce di aver trovato una musa e anche un grande amore. «Lei ha una bella nuca, potrebbe fare cinema» le dice il regista, e il loro sodalizio – dal film *L'avventura* del 1960 fino a *Deserto rosso* del 1964 – ha regalato al cinema internazionale una serie di capolavori che hanno rivoluzionato i canoni tradizionali.

Oggi diamo per scontata l'importanza di certe pellicole, ma all'epoca le lunghe sequenze senza dialoghi che presentavano personaggi problematici e misteriosi non vennero capite dal pubblico. Al Festival di Cannes *L'avventura* fu accolto malissimo dagli spettatori, che fischiarono la pellicola con insolenza. Monica ha sempre ricordato quel suo esordio festivaliero come un incubo: davanti al disastro non riesce a trattenere le lacrime, convinta di aver sbagliato tutto. Ma la mattina dopo, insieme ad Antonioni, scopre che gli intellettuali più in vista presenti al Festival, tra cui Roberto Rossellini, hanno firmato una lettera in difesa del film, un vero e proprio attestato di solidarietà "per il notevole contributo alla ricerca di un nuovo linguaggio cinematografico", e la pellicola, nonostante la disapprovazione del pubblico, si conquista il premio della Giuria. Quattro anni dopo, con *Deserto rosso* Michelangelo Antonioni conquista il Leone d'Oro al Festival di Venezia, ma anche questa volta il film è accolto dalla solita bagarre dei giornalisti che ironizzano sulla ormai leggendaria battuta di Monica Vitti: "Mi fanno male i capelli", che altro non è che un prezioso verso della poetessa Amelia Rosselli.

È difficile credere che la donna che ha incarnato con tale forza il simbolo dell'incomunicabilità sia la stessa che anni dopo si diverte a ballare vestita da hawaiana, intonando insieme ad Alberto Sordi la celebre canzonetta: "Ma 'ndo vai se la banana non ce l'hai". Un salto mortale concesso a pochi attori nell'arco di una sola carriera, e ancor più raro in quella di un'attrice: «Scoprire di far ridere è come scoprire di essere la figlia del re» dichiara Monica in un'intervista, e i critici la consacrano regina indiscussa della commedia all'italiana.

In questo nuovo regno si muove con un'incredibile naturalezza, d'altronde ha sempre ammesso che non c'è mai stato un confine netto tra la sua vita reale e quella immaginaria dei suoi personaggi: "È tutto mescolato insieme...", tanto da non distinguere le differenze tra Monica e la miriade di donne che incarna, da Modesty Blaise a Ninì Tirabusciò, dalla ragazza con la pistola alla borghese insoddisfatta di *Deserto rosso*. Le costanti che legano tutte queste esistenze sono la sua meravigliosa voce roca, una tonalità calda e avvolgente che è il suo marchio di fabbrica, il viso intrigante e moderno incorniciato da una massa fluttuante di capelli disordinati e ribelli che sembrano vivere autonomamente, e un naso che lei stessa considera "importante" ma che non ha mai voluto ritoccare, perché quella deviazione dai classici canoni estetici è un segno distintivo che elimina ogni sdolcinatura e le regala il fascino unico della personalità. «Io devo molto alla mia faccia... Io ero quella curiosa, io ero un tipo. Ho fatto quello che ho fatto non perché ero bella ma perché ero curiosa, perché avevo dei difetti; il fatto è sempre quello: il difetto aiuta.»

Monica è così: "una nessuna centomila", sempre sorretta da un'idea inflessibile di indipendenza che l'ha guidata in tutte le scelte professionali.

La libertà e l'emancipazione ce le ha nel DNA, da quando ha deciso di disobbedire ai suoi genitori che avrebbero voluto per lei "una vita classica, con un matrimonio classico, magari vestita con un classico tailleur"; con un istinto formidabile ha subito scelto la propria strada autorizzando le giovani attrici venute dopo ad avere fiducia nei propri mezzi, a osare carriere non canoniche e a sperimentare ruoli non stereotipati.

A questo servono le pioniere: perché una volta tracciata la strada, scompare ogni paura e non si può più tornare indietro.

Oggi le nuove ragazze le sono eternamente grate, ecco perché è stato così commovente quando l'attrice Angela Finocchiaro, dal palcoscenico della grande manifestazione "Se non ora quando?", ha ricordato Monica Vitti citando un suo pensiero sulle donne: «Le donne mi hanno sempre sorpreso. Le donne sono forti e hanno la speranza nel cuore e nell'avvenire».

D'altronde in un'intervista televisiva concessa a Enzo Biagi nel 1971 alla domanda "Perché si batte per il femminismo?", Monica aveva candidamente risposto: «Perché forse è ora...».

Aggiungendo un sorriso così solare da non lasciare spazio a ulteriori repliche.

RINGRAZIAMENTI

Questo catalogo di donne valorose è dedicato a mia nonna Leonarda. Nella scatola che custodisce le vecchie foto di famiglia, i suoi ritratti si fanno subito notare tra le innocue immagini di parenti lontani intorno a qualche tavola di Natale. Ho una collezione di scatti che la ritraggono vestita da aviatrice accanto a un biplano che aveva appena imparato a guidare; o anni dopo mentre sale a bordo di un transatlantico per raggiungere New York dove l'aspettano per un convegno sull'inserimento nel mondo del lavoro dei ragazzi disabili: materia a cui con passione ha dedicato la sua vita. Nonna era indomita e visionaria, e soprattutto non si fermava davanti a nessun ostacolo. Quando nel 1936 decise di fondare un Istituto per i ragazzi con disabilità teorizzando l'inserimento scolastico alla pari, e soprattutto creando laboratori per aiutarli a entrare nel mondo del lavoro, molti l'hanno presa per pazza anche all'interno della mia stessa famiglia.

Ma come un caterpillar nonna Leonarda è andata dritta per la sua strada.

Non credo di possedere neanche una scheggia della sua testardaggine e forza di volontà, ma sono grata a quelle poche briciole che mi sono miracolosamente arrivate dal suo DNA.

Grazie come sempre al mio illustratore del cuore Andrea Pistacchi, che con i suoi collages continua a stupirmi a ogni collaborazione, ma questa volta ha veramente superato se stesso.

Un grazie particolare va a Chiara Melloni, Irene Pepiciello e Alessandra Maffiolini: un trio scatenato di ragazze valorose che hanno condiviso con me quest'avventura, aiutandomi in ogni fase della sua realizzazione con allegria, competenza e soprattutto con una giusta dose di follia, senza la quale non si va da nessuna parte.

Grazie ai consigli e ai suggerimenti di Davide Dalla Libera, giovane ibridatore italiano, che ha saputo creare con passione nuovi esemplari di magnifiche rose.

Grazie a Lara Bonadio che ha messo al servizio di questo libro il suo amore per il giardinaggio, e ha descritto per me l'aspetto mutevole degli esemplari che fanno parte di questo inedito giardino di valorose.

Grazie ai miei nuovi compagni di viaggio Carlo Carabba e Beppe Cottafavi, che hanno creduto in questo libro prima ancora di me.

E grazie come sempre a Luisa Pistoia e Marco Miana, che non si sono ancora stancati di spronare la mia atavica pigrizia.

INDICE

Mondadori Libri S.p.A.

Questo volume è stato stampato
presso ELCOGRAF S.p.A
Via Mondadori, 15 - Verona

Stampato in Italia - Printed in Italy